新装版

教行信証

星野元豊

法藏館

はしがき

『講解教行信証』全六巻を書き終えたところで『教行信証』の入門を書けという法蔵館の要請である。たしかに『教行信証』のような書物にはそれを概括するような入門書が必要であろう。「行巻」の終りに附せられている「正信偈」は最も適切な概説である。しかし直接に『教行信証』を読む上においての入門書とはいい難い。直接『教行信証』を読むための入門書というようなものを書いてみたいと思ってペンを執ったのがこの書である。従ってこの入門書を読んで、『教行信証』とはこんなものかと思って、直接に『教行信証』を読まれないということになれば、全くわたくしの意図に反する。わたくしは直接に『教行信証』を読んでいただくための準備書としてこの書を書いたのである。

従来、往々にして「行巻」、「信巻」を中心として読んでそれでこと足れりとされているような傾向が多いように思う。たしかに「行」・「信」は中心である。しかしそれだけで他の巻をおろそかにするようなことがあるとすれば『教行信証』の真髄は把握されないであろう。特に思想書としての『教行信証』の価値はなくなってしまうであろう。「行」・「信」だけでは宗教思想家としての親鸞の半分も理解されないであろう。わたくしは何としても宗教思想書としてその全巻を読んで頂きたいという念願からこの入門書を書いたのである。出来ればこの書に続いて拙著『講解教行信証』を読んでいただければ、筆者のよろこびこれにすぎるものはない。

顧みれば、宗教思想書としての『教行信証』を体系づけようと志したのは既に二十年前であった。そのために『講解教行信証』を執筆しだしてもう十五年も経過してしまった。そして筆者も喜寿を迎えてしまった。思えば、どっぷりと『教行信証』につかりきりの年月であった。大悲に抱かれて生かされてきた感がしきりである。次に体系づけのための別巻を書く予定であるが、いつ完成するかはなはだおぼつかない。この入門書は体系づけのための入門書としても何らかの役に立つであろうと思い、なぐさめている次第である。

昭和六十一年十月

著　者

目次

教行信証

引用図書略符号

『全集』＝『定本親鸞聖人全集』（法蔵館）
『真聖全』＝『真宗聖教全書』（大八木興文堂）
『真蹟集成』＝『親鸞聖人真蹟集成』（法蔵館）

教行信証について

1

『教行信証』についてかってわたくしが不思議に思ったことは、いったいどうしてこの書を教行信証とよぶようになったのかということである。だいたいこの書の題号は「顕浄土真実教行証文類」とあって、書名は教行信証とよばれていない。いつごろからこの書を一般に教行信証とよぶようになったかは歴史家でないわたくしにはわからないので歴史家の御教示をまちたいが、この書が出てそんなに時代が経ってからではなかったろうと思う。たしかにこの書は「教行信証」とよぶにふさわしい内容をもっている。

『教行信証』はその目次ともいうべきものが最初に掲げられているが、それは

顕真実教
顕真実行
顕真実信

顕真実証
顕真仏土
顕化身土

とあり、この順序で説かれており、その内容も教・行・信・証によって組織づけられている。そして

「謹んで浄土真宗を按ずるに二種の廻向あり、一つには往相、二つには還相なり。往相の廻向について真実の教行信証あり」(『真蹟集成』㈠・一五頁)

といい、また「証巻」にはこれを結ぶがごとく

「それ真実の教行信証を按ずれば、如来の大悲回向の利益なり、故に若しは因、若しは果、一事として阿弥陀如来の清浄願心の回向成就したまへる所に非ざること有ることなし、因浄なるが故に果亦浄なり、知るべし。」(『真蹟集成』㈢・三四九頁)

といっている。ここでは共に「真実の教行信証」ということがのべられている。

まず「往相の廻向について真実の教行信証あり」という。往相とは衆生が弥陀の本願力により、浄土に往生して証をひらく相状をいい、還相とは証をひらきおわって再び穢土へ向って衆生済度の教化のはたらきをする相をいうのである。往相は自利であり、還相は利他であるが、この自利利他の二相は離れたものではなく、自利は必然的に利他を伴い、利他は他人にとっては自利とし

てはたらくのである。往相から還相が出て、また還相から往相が出て、両者は展転無窮に生死海にはたらくのである。それで「正像末和讃」には

南無阿弥陀仏ノ廻向ノ
恩徳広大不思議ニテ
往相廻向ノ利益ニハ
還相廻向ニ廻入セリ（『全集』㈡・一八三頁）

往相廻向ノ大慈ヨリ
還相廻向ノ大悲ヲウ
如来ノ廻向ナカリセバ
浄土ノ菩提ハイカガセム（同上・一八四頁）

と和讃されている。かくして往相も還相も共に如来の廻向としてはたらいているのである。普通には廻向といえば、自己の修した善根を仏果菩提にさしむけること、すなわち挟善趣求を意味するのであるが、親鸞では、廻向は常に如来から衆生に向かって廻向されるので、浄土真宗は普通

の廻向の意味からいえば不廻向であると主張するのである。かくのごとく廻向はすべて如来からの廻向として他力廻向である。従って如来の本願力の廻向を根本として、そこに往相と還相のはたらきがはたらくのである。かくして往相・還相を縦とすれば、教・行・信・証を横として教行信証の組織はできあがっているのである。これが『教行信証』という本の構造である。

2

まず真実教について

「それ真実の教を顕さば則ち大無量寿経是也」(『全集』㈠・九頁)

といい、真実の教を説いたのが『大無量寿経』であると最初に断定している。ところでこの『無量寿経』が釈迦一代の教のうちの究極の教であり、真実の利を説いたものであるということを何を証拠として主張されうるか。これについて親鸞は、阿難が如来の相好が平生と異なっているのを不思議に思い、どうしてこのように光々しい顔をしておられるのですかと問うたのに対して如来がよくぞよい問を問うたとほめていられることを理由にして、『大経』が釈迦の出世本懐経であることを主張している。親鸞は和讃にくりかえしのべている。

尊者阿難座ヨリタチ

世尊ノ威光を瞻仰シ
生希有心トオドロカシ
未曾見トゾアヤシミシ（『全集』㈡・三四頁）

如来ノ光瑞希有ニシテ
阿難ハナハダココロヨク
如是之義トトエリシニ
出世ノ本意アラハセリ（同上）

大寂定ニイリタマヒ
如来ノ光顔タエニシテ
阿難ノ慧見ヲミソナハシ
問斯慧義トホメタマフ（同上・三五頁）

親鸞はここに

「如来、無蓋の大悲をもって三界を矜哀したまう。世に出興するゆえんは、道教を光闡して群萠を拯い、恵むに真実の利を以てせんと欲してなり。無量億劫に値い難く見たてまつり難きこと、なお霊瑞華の時ありて時にいまし出ずるが如し」(『全集』㈠・一一頁)

という句において『大無量寿経』が出世本懐の経であるよりどころを見出したのである。釈迦はその一代のうちでいろいろな教を説いたけれども、釈迦の説いた最終の目的はこの経典の教にあったというのが、出世本懐の経典といわれるものであるが、出世本懐経といわれているものは『大無量寿経』に限らない。すでに天台宗では『法華経』こそ出世本懐経であるとして「方便力を以て四十余年未だ真実を顕わさず」とか「諸仏世尊は唯一大事の因縁を以ての故に世に出現せり」とかの句をもってこれを証している。また華厳宗では『華厳経』こそ出世本懐経であって、如来がこの世に出てこられたのは、衆生がもともともっている仏智を顕わさんがためであるから、一大事因縁は華厳の仏智であるという。また浄土教においても「即便微笑」の句によって『観無量寿経』を出世本懐経とするもの、また『阿弥陀経』には一日七日の念仏によって生死を救われるから、これこそ出世本懐経であり、さらに『阿弥陀経』は無問自説経で問答体によらず仏自らが説き出されたものであり、恒沙の諸仏がこれも証護しておられるから、『阿弥陀経』こそ出世本懐経であると主張するもの、さまざまである。

ところで存覚は『六要鈔』に出世本懐を説くのに二つの仕方があるという。一つは教の権実についてこれを論ずるばあいで、三乗はこれ権であり、一乗は実である。だから一乗を説いたものこそ本懐であるというのである。法華の主張はこれによったものといえよう。第二の仕方は機の利鈍について論じたものである。機根の利なる者は皆その利益を蒙るが、鈍根無智なる者は開悟することができない。仏の大悲はこの鈍根の者にこそ注がれるのである。それで五濁の凡夫を救わんがためには浄土をすすめたもうのである。岸上の者よりも水に溺れた者をまず救うのである。大悲の本懐はただ障り重き常没の衆生を済度するにある。しかも利根の者は少なく鈍根の者は多い。それで諸教によって出離する者は少なく浄土によって得脱する者は多い。この道理からすれば、当然如来の本懐は浄土教にあるといわねばならない。『無量寿経』には如来の智慧海は深広にして涯底なしとある。慈悲深重にして悪機を救済するから深というのであり、利益広大にして普く機を救うから広といっているのである、と解している。

この『六要鈔』の理解はすぐれているといえよう。出世本懐というものが論ぜられる場合、忘れてならないことは一切衆生が救済されるということがなければならない。これなくしては釈迦の出世も無意味であろう。たしかにその救済が真実でなければならないが、しかし単に真実ということだけでは、宗教は終らない。真実の救済であると共に一切衆生が救われるということによって宗教は完成するのである。そこに宗教と哲学との根本相違があるといえよう。哲学の目的は真実にある、真理であることが論証されれば哲学の目的は達成される。しかし宗教は単に真実が説かれても、その真実が一切衆生に生きて、一切衆生がそれによって救われるということがなければ宗教の目的は達成されない。出世本懐はまさにここになければならない。親鸞はこの立場に立って出本世懐を主張したにちがいない。それ故に親鸞は次の言葉で「教巻」を結んでいる。

「誠にこれ如来興世の正説、奇特最勝の妙典、一乗究竟の極説、速疾円融の金言、十方称讃の誠言、時機純熟の真教なり、知るべしと。」

まことにこれこそ如来がこの世に出現したもうたその本意を明かされた正しい教である。この『無量寿経』こそ奇特の法のとかれた最も勝れた経典である。そこに説かれた弥陀の本願の教こそ一切衆生を仏果に至らしめる教である。そしてこの他力の教こそはすみやかに海の一味なるが如く一切を円融するすぐれた教である。それだから十方の諸仏が称讃して止まない誠の言である。そしてこの他力本願の教こそは五濁の時と機に相応した純熟の真教というべきであると言葉を極めて称讃している。

上に述べた如く、一、真実か否か、二、一切衆生がもれなく救われる時機純熟の教であるか否かという見解に立って出世本懐は論ぜられるべきである。「教巻」はその結論を端的に示したものにほかならない。そしてこの大経が真実にして時機純熟の教であることを論理的に立証しようとしたのが、この『教行信証』という書物にほかならない。上にあげた「教巻」の結論はまた『教行信証』全体の結論でもあるのである。

3

「教巻」に続いて「行巻」がおかれている。そして劈頭に

「謹んで往相の廻向を按ずるに大行有り、大信有り。」(『真蹟集成』㈠・二五頁)

といい、大行について

「大行とは則ち无导光如来の名を称するなり。斯の行は即ちこれ諸の善法を摂し、諸の徳本を具せり、極速円満す、真如一実の功徳宝海なり、故に大行と名づく。」(同上)

といっている。无导光如来の名を称するというのは南無阿弥陀仏と称えることである。そこにはすべての善がおさまっており、一切の功徳がそなわっている。従って南無阿弥陀仏を称える行のうちにはその功徳が円満に満ちみちている。それは真如そのものの功徳の大宝海である。かく称名のうちには真如法性が生きて満ちあふれているのである。次に

「然るに斯の行は大悲の願より出でたり、即ち是を諸仏称揚之願と名け、また諸仏称名之願と名づく、また諸仏咨嗟之願と名づく、また往相廻向之願と名づくべし、また選択称名の願と名づくべきなり。」(同上)

という。大行は大悲之願より出たという。それは弥陀の四十八願中の第十七願である。第十七願は諸仏がわが名をほめ称せねば正覚を取らないという願である。諸仏がほめたたえるのはほかで

もない、一切衆生をして名号を称せしめんがためである。それは一切諸仏が称名せよとわれわれによびかけているのである。それで大悲之願とよんでいるのである。そのよびかけがわれわれの上に生きたとき、われわれの上に大行ができあがったのである。それでこれを往相廻向の願というのである。かくして本願の名号を十方衆生にあたえたもう第十七願がわたくしの上に具体化したとき、第十八願の大信が成立するのである。かくて親鸞はこう結んでいる。

「しかれば名を称するに能く衆生の一切の无明を破し、能く衆生の一切の志願を満てたまふ、称名は則ちこれ最勝真妙の正業なり、正業は則ちこれ念仏なり、念仏則ちこれ南無阿弥陀仏なり、南無阿弥陀仏は即ちこれ正念なりと知るべし。」(同上・三七頁)

と。それは能所不二、機法一体の南無阿弥陀仏である。

次に龍樹・天親・曇鸞・道綽・善導の行についての釈文を引き、善導の「南無と言うは即ち是れ帰命なり、亦是発願回向の義なり、阿弥陀仏と言うは即ち是れ其の行なり、この義を以ての故に必ず往生を得と」という文を引いてこれを解釈してこういっている。

「爾者《ハ》南无之言《ハ》帰命《ナリノ》帰言《ハ》至也 又帰説《エチ》也《ヨリタノムナリ》説字《セチ》悦《エチ》音《ヨロコフ》又帰説《サイ》也《ヨリカヽルナリ》説字税《サイノ》音悦税《エチサイノ》二音告《ツクル》也述《ノフ》也宣《ノフルナリ》二述人意《ノ》一也 命言業也招引也使也教也道也信也計《ハカラフ》也召《メス》也

是以《ヲテ》帰命者《ハ》本願招喚《セウクワン》之勅命《マネクヨハフオホセ》也言二発願回向一者《ハ》如来已発願《ニ》回二施《シテ》衆生《シタマフ》行《ノヲ》一之心也、言二即是其行《ト》一者《ハ》即選択本願是也、言二必得往生《ト》一者彰《アラハス》四獲《ウルコトヲ》三至《コトヲ》二不退位《ノ》一也、経《ニハ》言《ヘリ》二即得《ト》一釈《ニハ》云《ヘリ》二必定《ト》一即《ノ》言《ハ》由《テ》三聞《ニ》二願力《ヲ》一光下闡報土《ノ》真因決定《スル》時剋之極促《ソクヲ》上也、必言審《ツハヒラカ》也然《シカラシムル》也分《アキラカ》極也金剛心成就之皃《カヲハセ》也」

（同上・八五頁）

親鸞はかく解釈した。南無という梵語の言葉は帰命の意味である。そしてこの南無ということのうちには如来がわれわれ凡夫を救わずにはおかないと発願されて、わたくしたちの往生の行である名号をこしらえあげられてこれをわたくしたちに回向したもうたのである。すなわち親鸞は発願回向を如来の側にとっているのである。親鸞の解釈はこじつけのように思われるが決してそうではなくして、彼の深い宗教的体験を通してあきらかにされた南无の本質である。それで「発願回向というは如来すでに発願して衆生の行を回施したまうの心なり」といっているのである。そして善導の「言二阿弥陀仏一者即《ハ》是其行《ナリ》」の即是其行を解して、すなわちその行とは選択本願の行をいったものであるとした。それでこの文を素直に読むと、帰命というのは私の自力の帰命ではなくして、弥陀の発願回向されたものである。そして南無阿弥陀仏の阿弥陀仏というのはその衆生の行を発願回向したもうはたらきこそ生きた阿弥陀仏であるというのである。すなわち弥陀の選択本願のはたらきなのである。選択本願とは願でいえば第十八願である。弥陀は本願を選択して名号を成就し、これを十方衆生に回施されたのである。このはたらきのうちに弥陀は生きてましますのである。阿弥陀仏とは常に大悲のはたらきそのものである。それは十八願を選択したまう行である。その具体的なはたらきかけが十七願の大行である。

かくして善導の六字釈の結びの言葉「以二斯義一故必得二往生《ヲ》一」について

「言二必得往生《ト》一者、彰四獲三至二不退位一也、経《ニハ》言《ヘリ》二即得《ト》一 釈《ニハ》云二必定一即《ノ》言《ハ》由《テ》三聞二願力《ヲ》一光下闡《セル》報土《ノ》真因決定《スル》時剋之極促《ソクヲ》上也、必言審《ツハヒラカ》也然《シカラシムル》也分極《アキラカ》也 金剛心成就之皃《カヲハセ》也」(同上・八五頁)

といっている。必ず往生を得というのは不退転の位に至ることを獲ることをあらわした言葉である。『無量寿経』では十八願成就文のところで「即得往生住不退転」といわれており、龍樹の『易行品』では「即時入必定」ととかれている。この経と論の意味から考えてみると、ここで「即」といわれているのは、弥陀の本願力を聞いて真実報土へ往生する真の業因の決定するその時間の端的を明らかにしているのである。それでここで必得往生というのは本願を聞信する一念に往生が決定すること、正定聚不退転に住することをいったのである。ここで必得往生といっている必の字はつまびらかのことで、ものがはっきりすること、そして然らしめることを意味しているのである。この然らしめるのは行者のはからいではなくして自然に仏の方からしからしめられることを意味しているのである。分極は分ち極めることであって、はっきりと往生は一定と分ちきわめることであって、往生の境を明らかにすることである。『尊号真像銘文』には必得往生を釈して「必はかならずといふ、得はえしむといふ。往生といふは浄土にむまるといふ也。かならずといふは自然に往生を得しむと也、自然といふははじめてはからはざるこころなり」といわれている。このような字訓の後に「金剛心成就之皃也」の句で結ばれている。必得往生というのは金剛心が成就したすがたをいったのであるという、そしてそれこそが信心決定したときであるというのである。

一般には不退の位に至るのは浄土に往生して、浄土で不退の位に至るのであるとされている。それを親鸞はここでいうように金剛心を獲たとき不退転位に住すると解釈した。それで不退転位に至り、正定聚に住するのは現生であるから、現生正定聚といって親鸞の特色とされているものである。即得往生というのは報土往生の真因決定した正定聚位に住したその時であるというのである。従ってここで往生といっているのは住正定聚のことと解すべきであろう。それでわたくしは親鸞は往生というとき、穢体亡失した時、すなわち臨終一念の夕において往生する時の往生と不退転位に至る往生と、往生という語が二種に使われていると思うが、従来この点が明白にされていないように思われる。

南無阿弥陀仏はわたくしの称える南無阿弥陀仏であり、私の行としての南無阿弥陀仏である。しかしそれは阿弥陀仏が私の上にはたらいて称えられた名号である。そこには阿弥陀仏のはたらきそのものがはたらいているのである。帰命という私のはたらきはそのまま即大悲の大行としての阿弥陀仏のはたらきの具体化したものにほかならない。それ故に南無阿弥陀仏は私の帰命のはたらきであり、それはそのまま阿弥陀仏のはたらきである。私の帰命即弥陀の大行、弥陀の大行即私の帰命である。南無阿弥陀仏とはこの二つのはたらきの生きてはたらいているすがたにほかならない。行巻の行はここに肚をすえて理解してこそ正しく理解することができるであろう。古来、宗学で能行説、所行説とに分れて論ぜられているが、観念論に堕しているものもあるように思われる。

次に多くの釈文を引いて大行の利益についてのべ、それが他力であることが説かれて、次にその真実の行信を獲て往生する構造がのべられている。古来、光号因縁とか両重因縁とかいわれているものである。

「まことに知んぬ、徳号の慈父ましまさずば能生の因かけなん、光明の悲母ましまさずば、所生の縁そむきなん。能所の因縁和合すべしといへども信心の業識にあらずば光明土に到ることなし。真実信の業識、これすなわち内因となす、光明名の父母これすなはち外縁となす、内外の因縁和合して報土の真身を得証す。故に宗師は光明名号をもって十方を摂化す、ただ信心求念せしむとのたまへり、また念仏成仏是れ真宗といへり、また真宗遇ひがたしといへるをや、知るべし。」（同上・一一五頁）

ここで父母によって子供が生れる喩をもって名号を父に光明を母にたとえ、能生の因と所生の縁がなければ信心は生れないが、しかしもう一つ肝心なことは信心の業識というものがなければならない、信心の主体となるものがなければならない。父母のはたらきは外縁であり、この信心の業識が内因であって、初めて信心が生ずるのである。誰れが信ずるのでもない、この私が信ずるのである。その信心の主体を信心の業識といっているのであり、これが内因となって信心が生ずるのである。ここではのべられていないが信心の業識の根基には一切衆生悉有仏性のあることは忘れられてはならないであろう。

そして行について次のように結ばれている。

「凡そ往相回向の行信に就いて、行にすなはち一念有り、亦信に一念あり、行の一念といふは謂く称名の徧数について選択易行の至極を顕開す。」（同上・一一六頁）と。

当時法然の門弟のうちに一念か多念かの論争があった。一念ということになれば一度念仏を称えれば、あとはどんな悪いことをしてもよいではないか、そのためには多念でなければならないとか他愛のない論争である。一念とか多念とかいうことは全く観念上の遊戯であることをはっきりと親鸞はのべている。

「おほくまふさんも、一念・一称も、往生すべしとこそ、うけたまはりてさふらへ。かならず一念ばかりにて往生すといいて、多念をせんは往生すまじきとまふすことは、ゆめゆめあるまじきことなり。……一念こそよけれ、多念こそよけれなんどまふすこと、ゆめゆめあるべからずさふらふ。」（金子大栄編『真宗聖典』下・七三三頁）

とのべられている。

またここで行の一念、信の一念ということがいわれているが、この二つは全く別のものではなくして不離である。『末灯鈔』には行の一念、信の一念について次のごとくのべられている。

「信の一念、行の一念、ふたつなれども、信をはなれたる行もなし。行の一念をはなれたる信の一念もなし。そのゆへは、行と申は本願の名号をひとこゑとなへて往生《わうじやう》すと申ことをきて、ひとこゑをもとなへ、もしは十念をもせんは行なり。この御ちかひをききて、うたがふこころのすこしもなきを信の一念と申せば、信と行とふたつときけども、行をひとこゑするをききて、うたがはねば、行をはなれたる信はなしとききて候。又信をはなれたる行なしとおぼしめすべく候。これみな、みだの御ちかひと申ことをこころうべし。行と信とは御ちかひを申なり。」(『末灯鈔』十二)

これ以上説明の要はなかろう。

次に他力ということと一乗ということがのべられている。他力釈、一乗海釈といわれているものであるが、他力については「他力というは如来の本願力なり」(『真蹟集成』㈠・一二〇頁)といい、一代仏教を自力と他力とに分ち、この娑婆世界において煩悩を断じて真理を証るのを自力といい、浄土に往生して法を聞き道を悟るにはどうしても他力をたのまねばならない。それだから仏は往生浄土を説かれたのである。そして「彼此異なりといえども方便に非ざることなし、自心を悟らしめんとなりと」(同上・一二七頁)という元照律師の文を引いて他力釈を終っている。自力というも他力というも大涅槃に到達するための実践の違いである。根本は自己の仏性を悟らしめるにあるというのである。他力とはその方便の一つの方法に他ならないというのである。これは理論である。わたくしはこの句をおろそかにしてはならないと思う。ただ底下の凡夫にとっては他力によるより外はないのである。ここに他力でなければならない理由があるのである。他力なるが故に本具仏性を否定するが如きは他力についての誤解である。

次に一乗海釈において「一乗は即ち第一義乗なり、唯是れ誓願一仏乗なり」(同上・一二八頁)といい、一乗はこの上もなく勝れた究極の教であるが、それはただ弥陀の誓願念仏の道のみであると主張しているのである。

次に有名な「正信念仏偈」が附されている。その序文ともまた行巻の結びともいうべきものとして次の文がかかげられている。真宗とは何かを簡明に示したものである。

「凡そ誓願について真実の行信あり、亦方便の行信あり、その真実の行願は諸仏称名の願なり、その真実の信願は至心信楽の願なり、これ乃ち選択本願の行信なり。その機は則ち一切善悪大小凡愚なり。往生は則ち難思議往生なり。仏土は則ち報仏報土なり。これすなはち誓願不可思議一実真如海なり、大無量寿経の宗教、他力真宗の正意なり。」(同上・一四二頁)

と。

「正信偈」は「正信念仏」とあるから、念仏とは大行であり、正信は大信である。すなわち行信とその関係を論ずるのが中心であるからであろう。初めに大経の要約を示し次に七高僧の著作の要約を示している。しかしとくに信心の事態を明白にしている言葉は他にみられないので、それだけをここに取り出しておこう。

「能く一念喜愛の心を発すれば、煩悩を断ぜずして涅槃を得るなり、凡聖逆謗ひとしく回入すれば、衆水、海に入りて一味なるが如し、摂取の心光常に照護したまふ、已によく無明の闇を破すと雖も、貪愛瞋憎之雲霧、常に真実信心の天に覆へり、譬へば日光の雲霧に覆はるれども、雲霧の下明にして闇無きが如し、獲信見敬大慶人、即ち横に五悪趣を超截す」

という句である。

4

次に信巻がおかれている。そこでは真実信がいかなるものであるかということとこの信を獲得した機を示し、その状態を示している。行巻の大行は信の内実となるものであって大行はこの信において具体化されて生きるのである。信は能信として一つのはたらきである。しかしそれは人間の自力の信ではない。親鸞は「それおもんみれば、信楽を獲得することは如来選択の願心より発起す。真心を開闡することは大聖矜哀の善巧より顕彰せり」（同上・一五七頁）という。私の信心は私独りの信心ではあるが、それは如来の選択本願の働きによってひきおこされたものである。そして現に私がこうして他力の信心を頂くことができたのは釈尊のあわれみ深い御教によっているのである。

ではその信心とは如何なるものか。親鸞はまっさきにその結論を示している。

「大信心は則ち是れ長生不死之神方、忻浄厭穢之妙術、選択廻向之直心、利他深広之信楽、金剛不壊之真心、易往無人之浄信、心光摂護之一心、希有最勝之大信、世間難信之捷径《セチケイ》、証大涅槃之真因、極速円融之白道、真如一実之信海也。」(同上・一五九頁)

と。ここに大信心の特質として十二あげられているが、それはわれわれ凡夫に対して説かれているのである。この人生に於て信心が何んの役に立つのか、それに対して答えられた第一が長生不死ということである。何よりも死を厭う凡夫にとってこれほど願わしいものはないであろう。信心は生死を解脱する方法であるというのである。第二に聖道門では生死解脱のためには厭離穢土が求められる。しかしこの世に執着している凡夫にとってそれは不可能にちかい。それに対して他力信心は浄土を願わしめ自然に穢土を厭離せしめる妙術だというのである。第三にこの大信心は如来の選択本願より廻向された正しい信心である。第四に一切の衆生を救う深い広大な利他の信心である。第五に他力の信心は他から破壊せられない金剛の真心である。第六に浄土へは往き易い信心であるが、自力根性の凡夫ではなかなか信じ難い信心である。それで易往無人の浄信というのである。第七にこの信心は阿弥陀如来の光明に摂護されている信心である。第八にたぐいまれな最も勝れた信心である。第九に世俗の智慧では信じ難い信心である。第十にこの信心こそ仏果の大涅槃を証する真の原因となる信心である。第十一にこの信心はたちどころに涅槃のさとりの功徳の満ち満ちた浄らかな白道である。第十二にこの信心は真如一実のはたらきそのものである。

親鸞によれば、この大信心は第十八願から生じたものである。第十八願とは「設え我仏を得たらんに、十方の衆生心を至し信楽して我が国に生れんと欲うて乃至十念せん、もし生れずば正覚を取らじと。唯、五逆と誹謗正法とを除く」というのである。ここでは至心・信楽・欲生が中心であるので本願三心之願といい、また至心信楽之願とも往相信心之願とも名づけられている。『大経』には至心・信楽・欲生とあるが、『観経』には至誠心・深心・廻向発願心が説かれている。これを詳しく分析して真実信とはいかなるものであるかを明らかにしている。そしてそれ等はすべて如来の清浄の願心から廻向されたものであると説いている。そして至心・信楽・欲生の三心が論主の一心と同一であって、これが真実信心であることを説いている。そしてこの信心は無上涅槃を開示せしめる唯一のものであるだけでなく、現生にも十種の利益があることを説いている。

この大信は横超断四流によって成立するのである。横超断四流とは

「横超は即ち願成就一実円満之真教真宗是れ也……大願清浄の報土には品位階次を云はず、一念須臾のあいだに速かに疾く无上正真道を超証す、故に横超といふ也。」(同上・二三八頁)

といい、断四流については

「断といふは往相の一心を発起するが故に、生としてまさに受くべき生なく、趣としてまた到るべき趣なし、已に六趣四生因亡じ果滅す、故に即ち頓に三有の生死を断絶す。故に断といふなり、四流は則ち四暴流なり、又生老病死なり。」（同上・二四〇頁）

といっている。いま往相の信心をうれば、その端的に六趣の因も果も滅するのである。そこでは生死が断絶されるのである。このことは死後におこるのではない、獲信のその時におこるのである。和讃には

金剛堅固ノ信心ノ
サダマルトキヲマチエテゾ
弥陀ノ心光摂護シテ
ナガク生死ヲヘダテケル（「高僧和讃・善導讃」）

と讃じている。信成立の内容をよく理解すべきであろう。

「光明寺の和尚のいはく、諸の行者にまふさく、凡夫の生死貪じて厭はざるべからず、弥陀の浄土軽ろしめて忻はざるべからず。厭へば則ち娑婆永く隔《ヘダ》つ、忻へば則ち浄土に常に居せり、隔つれば則ち六道の因亡じ、淪廻の果おのづから滅す、因果すでに亡じて則ち形と名と

頓に絶ふるおや。」(『真蹟集成』㈠・二四一頁)

と。このことを『末灯鈔』には「光明寺の和尚の般舟讃には、信心のひとは、この心すでにつねに浄土に居すと釈したまへり。居すといふは、浄土に信心のひとのこころ、つねにゐたりといふこころなり。」(『末灯鈔三』)と説明している。これは信者の在り方、実存の構造を示しているのである。かかる信心の行者を真の仏弟子であるとして、わがよき親友とも、分陀利華なりともほめたたえている。また念仏衆生は便同弥勒なりともいっている。

かく真の仏弟子をのべて、ひるがえって自己をみて親鸞は次のように述懐している。

「誠に知んぬ愚禿鸞、愛欲の広海に沈没し、名利の太山に迷惑して定聚之数に入ることを喜ばず、真証之証に近づくことを快《タノシ》まず、恥ずべし傷《イタ》むべしと。」(『真蹟集成』㈠・二五八頁)

次に救い難き罪悪人についてのべ、これらの人たちも他力の信によって救われることをのべているが、わたくしがどうしても奇妙に思うことは第十八願にのみ「唯除五逆誹謗正法」という句がついていることである。一切衆生を救うことを目指した第十八願にこのような制限があることは何としても理解しがたい。親鸞もこれにとりくんだ。阿闍世は五逆罪を犯しているにも拘らず、無根の信をえたのである。月愛三昧の光に照らされて信を獲たのである。彼は「われ今、いまだ死せざるにすでに天身を得たり、短命をすてて長命を得、無常の身を捨てて常身を得たり」(同上・一九七頁)という。唯除五逆誹謗正法の句はどうなったのであろう。

従来、親鸞は善導の抑止文の解釈を引いて(同上・三二五頁、三二六頁、三二七頁)これを踏襲したものと考えられている。しかしわたくしは抑止門にのみとどまるとは解し難かった。逆謗が極悪なるが故にこれを未然に抑止するというだけに唯除がとどまるならば、それは第十八願にとっては単に附加的な意味しかない。そうではなくて「唯除」は第十八願の信にとっては本質的な意義があるのではなかろうか。これが永々とした阿闍世の物語に続く「唯除」の文を読むとき、わたくしはその感を深くする。単に抑止に止まるならば逆謗は未造業であるともいえよう。しかしわたくしは仏や仏の教に無関心なもの、またその教を信じようとしないものは謗法といえると思うのである。もし謗法をこのように考えるならばわたくしにとって謗法は未造業ではなくして已造業である。親鸞にとってもそうであったに違いない。浄土真宗に帰しながら、齢四十二歳にして三部経を千遍読誦しようとしたその愚かさ、これが謗法でなくして何であろう。まさしく無倦に照らしたまう大悲に背を向けた行為である。わたくしは思う、「唯除」は人間本性にひそむその反逆性の重大さを知らしめんがためにあるのだと。何故なら人間成立の根柢にある仏の大悲にわたくしたちはいつも反逆して自主独立していると思っている。人間はいつも主我的である。しかしこの人間の主我性こそ仏への反逆である。この反逆こそ謗法でなくして何であろうか。この罪の重大さを知らしめるものこそ「唯除」である。「唯除」は人間本性の反逆を知らしめ、反逆にも拘らず、衆生をもらさず救う弥陀の大悲への回心をうながす警鐘ではないであろうか。難治の重病の自覚こそは回心の跳躍板である。難治の自覚における懺悔を媒介して回心するのである。「謗法、闡提、回心すればみな往く」（同上・三二七頁）。ここに「唯除」が第十八願に附せられた深き意味があるのではなかろうか。永々と続く阿闍世の回心に続いての「唯除」の文をみて、わたくしは「唯除」を回心への跳躍板として理解した。これで信巻は結ばれているのである。

5

信巻にのべられた真実信によって到達するところが真実証であるが、その証とは何か。

「謹みて真実証を顕はさば、則ち是れ利他円満之妙位无上涅槃之極果なり」（同上・三三九頁）

という。信によって滅度に到るのであるが、そこが無上涅槃である。それで

「必ず滅度に至るは即ち常楽なり、常楽は即ち是れ畢竟寂滅なり、寂滅は即ち是れ无上涅槃なり、无上涅槃は即ち是れ无為法身なり、无為法身は即ち是れ実相なり、実相は即ち是れ法性なり、法性は即ち是れ真如なり、真如は即ち是れ一如なり。然れば弥陀如来は如より来生して報応化種種の身を示し現したまふなり」（同上・三三九頁）

といっている。古来、ここで無上涅槃の異名をあげているといわれているが、それは単に異名たるにとどまらず、涅槃の内実を豊かに示しているのである。証巻はこの内実の叙述である。ここで、「しかれば弥陀如来は如より来生して、報応化種種の身を示し現じたまふなり」という句は見

のがされてはならない。滅度は単なる寂滅にとどまるものでなく、生きて現実にはたらいているのである。そのはたらきは報身・応身・化身として、その場、その時、その機に応じてはたらくのである。滅度は寂滅のまま常に娑婆の現実に対してはたらいているのである。滅度は絶対の静であると同時に絶対の動である。真如は現実に対しては報・応・化として個としてはたらくのである。しかしこの個的存在はそのまま一如として全体なのである。滅度は全即個、個即全である。このようにして証の内実たる真如は静即動、動即静、全即個、個即全としての絶対無、虚空である。弥陀の大行はここから生れてくるのである。それ故に南無阿弥陀仏という念仏はそのまま一如のはたらきである。念仏は一如の現実の私におけるはたらきである。そして真実信もこの一如の私におけるはたらきである。このようにして真実行も真実信も共に真如の現実の私におけるはたらきである。行・信はこの証に裏付けられてはじめて真実といわれうるのである。真如を根柢において行も信も成立しているのである。行・信の根拠はこの真如にあるのである。かくして証巻と真仏土巻は行・信成立の形而上的根拠を明らかにしているのである。教行信証の哲学はここにある。証も真仏土も真実信の到りつく証果であるだけではなくして、行・信成立の根拠であり、証巻、真仏土巻はこの成立の論理を展開しているのである。証巻の終りに還相回向が説かれているが、それは証の到りつく結果だけを説いているのではなくして、そこではまた行・信成立の論理が展開されているのである。

たしかに他力の信者にとっては行・信の領解さえあれば、証や真仏土は他力によって自然にもたらされるものである限り、それについての詮索はさほど重要なものではないかもしれない。しかしそれだけならば親鸞は証や真仏土をあれほど詳しく論ずる必要はなかったであろう。親鸞が証巻、真仏土巻を説いたのは行・信成立の形而上的根拠を明らかにせんがためであったということができる。

それ故に還相回向をのべるにあたって、浄土形成の因果を浄入願心としてのべると共に広略相入を説いて浄土成立の構造を明らかにしているのである。そして善巧摂化をといて、そこに救済の方法論を展開しているのである。このように還相回向のところは単に還相回向の構造をのべただけでなく、そこに救済の根本論理が展開されていると解すべきであろう。

証巻について真仏土巻が説かれている。これについて『六要鈔』(『真聖全』㈡・三四七頁)は上の教行信証の四巻は往相の機について教から証に至ることを示したのであり、真仏土巻はその帰するところの身土がいかなるものであるかを明らかにしたものであるといっている。その通りであろう。しかし真仏土巻はそれだけに止まらない。それと同時にさらに真仏土巻は真実の教行信証が生ずる根柢を明らかにしている。真仏土巻は弥陀の正覚の何であるかを示したものであり、衆生の往生は弥陀の正覚から生まれ出たものである。弥陀は光寿無量の誓願を発し、身土不二、生仏一如の正覚を成就したのである。教行信証はかくして生まれ出たものである。従って真仏土巻は教行信証の成立する論理的根拠を示したものである。また教行信証が真実とよばれるその理論的根拠を示しているのである。教行信証の真実を単に信仰の立場からのみ勝手に理解して、その真実をあたかも情的真実のごとく解する人があるが、それでは真仏土巻の説かれた一半のみをみて、その全般をみていないといわねばならない。

真仏土巻では真仏土を光明としてその本質を十二光をもって示し、また真仏土の本質を『涅槃経』の文を十三文も引き、これを自己のものとして明らかにしている。『六要鈔』はこれについて「聖道所依の経なりといへども、如来の教法元より無二なるが故に、二門（聖道門と浄土門。筆者註）異なりといえども、和会すれば違することなし。集主（親鸞のこと。筆者註）の御意深くこの義に達して、明らかに弥陀の名義功徳全く涅槃无上の極理たることを了す。この義をもっての故に真仏土極談の已証を明すとして、ことさらに涅槃の妙文を引用せらる。」（『真宗聖教全書』㈡・三五〇頁）と。まことに親鸞の意をよく汲みとった解説である。親鸞は『涅槃経』を全く自己のものとして引用しているのである。それによって真仏土の本質とそれが如何に在るかを示している。親鸞は真仏土巻の初めに「謹みて真仏土を按ずれば、仏は則ちこれ不可思議光如来なり。土はまたこれ無量光明土なり」（『真蹟集成』㈠・三九九頁）と端的に規定している。真仏土と仏と一応区別されているが、共に光明として本質的には同一である。これが涅槃界といわれているものである。涅槃こそ仏の本性である。その静的面を土として、その動的面を仏として規定したのであろう。涅槃界においては一切衆生悉有仏性であって、ここに犯四重禁、作五逆罪、一闡提等みな仏性ありという根本原理的事実が展開されている。浄土真宗はこの根本原理に基いて成立しているのである。教行信証はこの根本原理の上に構成されているのである。

ついで報身・報土についてのべ、仏願力に託することによって凡聖逆謗ひとしく往生することを説いている。

「仏に従ひて逍遙して自然に帰す、自然は即ちこれ弥陀国なり。无漏无生還りて即ち真なり、行来進止に常に仏に随ひて无為法性身を証得す。又云ふ弥陀の妙果おば号して无上涅槃と曰ふと。」（同上・四六三頁）

煩悩にわずらわされない無漏、無生の世界こそ絶対真実の世界である。かくして自然に仏に随いて無為法性身を得させて頂くのである。

次に報仏土に真仮あることを論じて、真仮をはっきりすべきことをのべて真仏土巻は結ばれている。そして仮の仏土を方便化身化土といい、次の化身土巻でこれを論じている。

方便化身土巻では、方便化土に往生するものとして、第十九願至心発願之願と第二十願至心回向之願とが説かれている。従来これを簡非のためにとかれたという説がなされている。すなわち非であるとして廃するために説かれたというのである。それによって今まで説かれた真実をより明らかにするために説かれたというのである。たしかにそのような一面もあることは考えられるが、それのみではなく第十九願から第二十願へ、更に第十八願へと止揚転入する三願転入の過程として説かれたとわたくしは思うのである。真実の第十八願に到達するためには自力根性の凡夫はどうしてもこの三願転入の過程を経なければならないということを示すために説かれたものと思うのである。三願転入は単に親鸞自身の入信過程であったというだけでなく、すべての自力根性の人間が辿る必然的な過程なのである。弥陀の大悲は自力根性の私のために第十九願をおき、更に第二十願をおいて否応なしに第十八願へと導きたまうのである。このことを明らかにしようとしたのが方便化身土巻の根本目的であったと思う。かく化身土巻は実践論として説かれているのである。

それで次に親鸞の目は時代とその機に注がれた。時代はすでに末法の世になっている。その機も五濁の罪悪深重の凡夫である。そしてこの時代の機は弥陀の他力本願の念仏によるよりほかに救われ難い泥凡夫である。

一般に方便化身土巻は本末に分けられており、本巻には以上のようなことが説かれている。末巻は迷信邪偽を明らかにして現世利益の問題が論ぜられている。そして最後に『弁正論』をひいて道教の批判がなされている。しかし化身土末巻は教行信証の他の諸巻とは全く異なって異質的である。内容が異質的というだけでなく、そこに引かれている『大集経』の諸引文も同内容の繰返しが多く、度はずれて執拗である。また『弁正論』の引文では誤字、脱字、衍文、前後錯綜して意味のとりにくいところが多い。誤字、脱字もそのまま誤った訓点がほどこされている場合が多く無学というよりほかにいいようがない。このようなことは親鸞の学識としてはありえざることである。このような点からわたくしは弟子の手によったものか、すくなくとも弟子の写誤によるものではないかという疑いをもっている。存覚が「この書大概類聚の後、上人幾ばくもならずして帰寂の間、再治に及ばず」といっていることは適切であろうと思う。

ともあれ末巻は末法濁世の呪術宗教的民間信仰にどっぷりつかりきっている民衆に語りかけようとしたものであったということができよう。

末巻には後序とよばれている親鸞の述懐が附せられている。この後序は末巻の結びではなくして、『教行信証』全体の結びの文である。それ故にこの後序は「顕浄土教行証文類六」という語で結ばれている。

第一章　教行信証とはどんな書物か

一　教行信証のなりたち

親鸞は彼が生きていた時代にはほとんどその名さえ知られていない。これは三十五歳で流罪されて以来、六十歳頃まで関東に在って野にうずもれて庶民と共に生きていたのであれば当然であろう。親鸞は生涯野の人であった。

この無名の人親鸞をして日本宗教史上大きな地位を占め、また日本思想史上、最高峰に住せしめたものは何であったのであろうか。それは親鸞に『教行信証』とよばれる書物が残されていたからである。

では無名の親鸞をして不朽たらしめた『教行信証』とはどのような書物なのであろうか。

六十歳を越えてから住みなれた関東の地を去って京都へ帰ったのは『教行信証』の完成のためではなかったろうかというのが学界の通説になっているが、おそらくそうであったろう。

親鸞は京都へ帰ってからの十年間は殆んど著作というものもなく、何をしていたのかはっきりしない。七十五歳の時に尊蓮にこの書の書写を許しているが、七十六歳になると浄土和讃と高僧和讃が出され、それ以後、逝去までの十数年間に『浄土文類聚鈔』、『唯信鈔文意』、『尊号真像銘文』、『三経往生文類』、『愚禿鈔』、『入出二門偈』、『一念多念文意』等々おびただしい著作が堰を切った水の如くなされている。これから推測すると、おそらく空白の十年間は『教行信証』の完成に全力が注がれていたのではないであろうか。三帖和讃の製作は大作ではあるが、内容的には『教行信証』を和文にうたい讃じあげたものであるから、『教行信証』は親鸞自身にとっても唯一の体系的主著といってもよいであろう。

この『教行信証』は文類といわれるように、経典や祖師たちの論や釈の文を寄せ集めて、それにところどころ自分の意見や感想を入れて形成されている六巻の書である。どうしてこんな体裁をとったのであろうか。おそらく自分勝手なことをいっているのではなくして、経典にその証拠があり、先輩もかく論じ、かく解しているということを示すためであったろう。親鸞は特に七人の祖師たちをあげてその伝統を示している。しかしその組立ては親鸞独自のものであるから、他の文をかりて自己の思想信念を吐露しようとしたものであるということができる。

ではこの書はいかなる書なのであろうか。

いうまでもなく『教行信証』は宗教書である。浄土真宗という宗教の教義の説かれた宗教書である。そこには親鸞の信仰が余すところなく吐露されている信仰告白の書である。しかしそれは単なる信仰の告白には終っていない。そこにはその信仰内容がどこまでも真実であることが論理的に解明され、説明されている論理的思想書である。ここに『教行信証』の何よりもの特色がある。「真実」の組織的論理的解明というところに『教行信証』が単なる宗教書ではなくして、思想書として、哲学書として、日本思想界に大きな地位を占める所以があるのである。

親鸞は自分の信仰が何よりも真実であることを主張したかったのである。『教行信証』は詳しくは『顕浄土真実教行証文類』と題されているが、「方便化身土巻」を除いた各巻の題号にもそれぞれ「顕浄土真実……」と書かれている。これからしても親鸞が自分の信仰の真実であることを主張しようとして、特に組織的学術的に書いたということは明らかである。従って『教行信証』を純粋な学術書として見ることが、この書のまっとうな見方だと思うのである。晩年、三帖和讃をはじめとして多くの書きものを残しているが、それらは信仰、教化を中心とした書であるのに対してこの『教行信証』は「顕真実」をかかげた、論理的体系的な学術書であって、その点において他の著述とは明らかに質的に異なっている。この目をもってこの書をみるべきであろう。

二　教行信証の性格

親鸞は『教行信証』の総序に

「誠なる哉、摂取不捨の真言、超世希有の正法、聞思して遅慮することなかれ。ここに愚禿釈親鸞、慶ばしい哉、西蕃月支の聖典、東夏日域の師釈に遇ひ難くして今遇ふことを得たり、聞き難くして已に聞くことを得たり。真宗の教行証を敬信して、特に如来の恩徳の深きことを知んぬ。ここを以て聞くところを慶び、獲るところを嘆ずるなりと。」

としるしている。『教行信証』は親鸞が聞きえたところを慶び、嘆じた書である。しかしそれは自己の信仰の単なる讃嘆の書ではない。「誠なる哉、摂取不捨の真言、超世希有の正法、聞思して遅慮することなかれ」（傍点筆者）といわれている如く、その真実、その正法を聞思せしめんがための書である。だいたいこんなむつかしいことを説いても布教の役には立つまい、また信仰告白書としてももっと別の表現がとれる筈である。現に親鸞には唯円が書き残したといわれる『歎異抄』というすばらしい信仰告白書が残されているではないか。『教行信証』は単なる信仰告白書ではなくして純粋な学術的哲学書である。

この書を結ぶにあたって後序には

「慶ばしい哉、心を弘誓の仏地に樹て、念を難思の法界に流す。深く如来の矜哀を知りて良《マコ》とに師教の恩厚を仰ぐ、慶喜弥ゝ《イヨイヨ》至り至孝弥ゝ重し。これによって真宗の詮を鈔し、浄土の要を摭《ヒラ》ふ。」（「化身土巻末」『講解教行信証』一二三〇頁参照）

とその著述の意図をのべている。ここにはその著述の立場がはっきりとのべられている。親鸞は自分の立場から思惟しているのではない。「心を弘誓の仏地にたて、念を難思の法界に流して」、そこからこの書を書いているのである。弘誓の仏地にしっかりと足をふまえて、念を難思の法界に流して、そこから真宗の詮を鈔し、浄土の要をひろって、そこから思惟しているのである。換言すれば、仏の論理の立場に立ち、仏の思惟に従って思惟しているのである。それだから「仏恩の深きことを念ふて、人倫の嘲を恥じず。」と断乎いい切ることができたのである。そして自信をもって「若しこの書を見聞せん者信順を因となし、疑謗を縁となして、信楽を願力に彰し、妙果を安養に顕はさん。」と堂々といいえたのである。何という自信であろう。自分の書いた書物にこれだけのことをいいうる者がいるであろうか。この自信は仏地に立っての自信であり、難思の法界の論理に立っての自信であり、弥陀の本願力を信じきった自信である。

かくして『教行信証』とは、その足場を仏地において、仏の論理に従って真宗の真実、浄土の真実を顕わさんとした書であったということができよう。それは単に真実を讃仰しているのではない。その真実の普遍妥当的真実たる所以を仏の論理をもって論理づけているのである。そこに『教行信証』が和讃等の他の著述とは異なった特異性があるといわねばならない。従来、これほどの哲学書を哲学書とみることの少なかったのは遺憾である。ともすれば親鸞ほどの思想家を『歎異抄』などだけで評価する傾向があるのは何としても遺憾である。『歎異抄』の親鸞は宗教家としての人間親鸞の偉大さを示しているが、思想家親鸞は表面にはあらわれていない。『歎異抄』は情的であるのに対して『教行信証』は知的であり、純粋な宗教哲学書であって、そこでは偉大なる思想家親鸞が徹底的に明らかにされている。

では教行信証とはどういうことなのであろうか。

第二章　教行信証とは何か

一　往相回向と還相回向

親鸞は『教行信証』の「教巻」の劈頭に

「謹みて浄土真宗を按ずるに二種の廻向あり。一つには往相、二つには還相なり。往相の廻向について真実の教行信証あり。」（『真蹟集成』㈠・一五頁。『全集』㈠・九頁。『講解教行信証』四〇頁）

と書いている。また「証巻」には

「それ真宗の教行信証を案ずれば、如来の大悲回向の利益なり。かるが故に、もしは因もしは果、一事として阿弥陀如来の清浄願心の回向成就したまへるところにあらざることなし。因浄なるが故に果また浄なり。知るべしとなり。」（『真蹟集成』㈠・三四九頁。『講解教行信証』一一六二頁）

と書いている。

浄土真宗という宗教の骨格をなすものは「回向」であるという。従って真宗を構成している教行信証の根柢を流れているものは回向であるというのである。

普通には回向といえば、自分の積んだ善根を仏の方にさしむけるのを回向といっている。ところが親鸞では普通とは逆に、回向とは仏の方から衆生の方へ施与することをいうのであって、なによりもこれが真宗の特色である。それで真宗では回向は常に仏からの回向として他力回向である。

その回向には往相と還相との二種類がある。往相というのは、衆生の方から仏の方へ往生成仏するはたらきをいうのであり、還相というのは、一度浄土へ往生してから娑婆の一切衆生を同じように救済しようという意向をもって、浄土から娑婆の方へ還ってきて、ともどもに仏道へ向かわしめようとするはたらきをいうのである。ところが還相は浄土に往生すれば、必然的にこれにともなうものである。何故なら、往相において成仏するということは、他の衆生を救うという利他のはたらきを伴っていなければならない。仏とは自利利他するが故に仏なのである。従って仏に成るということは、自利のみならず利他のはたらきをするということでなければならない。利他のはたらきをしない仏などというものはありえない。自利の完成は利他の完成をまって成立するのである。自利は必然的に利他となり、利他はまた必然的に自利となると共に第三者をして自利のはたらきをなさしめるものでなければならない。このように自利利他は円環的に無窮に展転して生死海を尽さずにはおかないのである。

『浄土高僧和讃』「曇鸞讃」に

弥陀ノ廻向成就シテ
往相還相フタツナリ
ワウサウハコレヨリワウシヤウセサセムトオホシメスヱカウナリ　クヱンサウハシヤウトニマイリハテハフケンノフルマイヲセサセテシユシヤウリヤクセサセントヱカウシタマヘルナリ
コレラノ回向ニヨリテコソ
心行トモニエシムナレ（『全集』㈡・九三頁）

また『正像末法和讃』に

南无阿弥陀仏ノ廻向ノ
恩徳広大不思議ニテ
往相廻向ノ利益ニハ
還相廻向ニ廻入セリ（同上・一八三頁）

往相廻向ノ大慈ヨリ
還相廻向ノ大悲ヲウ
如来ノ廻向ナカリセハ
浄土ノ菩提ハイカ、セム（同上・一八四頁）

と讃ぜられている。

また『教行信証』の「総序」には

「然れば則ち浄邦縁熟して調達闍世をして逆害を興ぜしむ。浄業機彰して釈迦韋提をして安養を選ばしめたまへり。斯れ乃ち権化の仁ひとしく苦悩の群萠を救済し、世雄の悲正しく逆謗闡提を恵まんと欲す。」（『講解教行信証』一五頁）

と、逆罪をなした調達も阿闍世もともにわれわれを救うための権（かり）のはたらきなのである。この逆害の縁によって韋提希夫人が浄土を願生するようになったのであると、親鸞はみているのである。ここでは還相より往生の生ずることを示している。このようにして還相は往相にともない、還相は往相をひきおこして、往相・還相は円環的に無窮に連続するのである。それでここでは往相について多く語られているのである。いまこの往相の廻向について真実の教・行・信・証があるというのである。

では、その真実の教とは何か。

二　真実の教とは何か　附　出世本懐

親鸞は

「それ真実の教を顕はさば、則ち大無量寿経是なり。」（同上・四三頁）

と、浄土真宗の根本を示した根本聖典を『大無量寿経』として、この経に説かれたものこそ真実の教であるというのである。そして

「ここをもって如来の本願を説いて経の宗致と為す、即ち仏の名号をもって経の体とするなり。」（同上・四五頁）

という。『大無量寿経』に説かれている肝心かなめのことは、如来の本願を説くことである。そしてその本願の目ざす本質は何かといえば仏の名号である。これが『大無量寿経』の説く核心である。そしてこれが真実の教といわれているものであるという。

ではどうしてこれが真実なのであろうか。ここで親鸞の立証の仕方は意外である。正面から論理的には説かれてはいない。外面的に、これを説かれる時の世尊のすがたが常日頃とちがってすぐれて清浄であり、光輝いていたからというのである。奇妙な立証の仕方である。仏弟子阿難が

仏の顔かたちのすがすがしいことを見て、これはどうしたことかと尋ねたのに対して、今日こそ私がこの世に出現した本意を明らかにするのだといって説かれたのが、この『大無量寿経』だというのである。親鸞はここのところをこのように和讃している。

如来ノ光瑞希有ニシテ
ニヨライノオムヒカリコトニヨキオムカタチケウニマシマストナリ
阿難ハナハタコ、ロヨク
如是之義トトエリシニ
カクノコトキノキイカナルコト、トイタテマツル
出世ノ本意アラハセリ

大寂定ニイリタマヒ
シツカニシツカニマシマスコトコトニヒコロニスクレマシマシタマフユヘハタ、アミタノミヤウカウヲトキタマハムトテヨニイテマシマスコトコトニスクレメテタクマシマスオムカタチナリ
如来ノ光顔タエニシテ
オムカホハセオムカタチナリ
阿難ノ慧見ヲミソナハシ

問斯慧義トホメタマフ（『浄土和讃』『全集』㈢・三四頁）

大寂静とは大涅槃のことである。和讃の左訓が示すようにこの大涅槃から阿弥陀の名号を説かれたのである。外面の容貌がすぐれて清浄であったのは大寂静に住しておられたからである。阿弥陀仏の本願の名号はこの大寂静から流れ出ているのである。そこに本願の名号の真実の根拠があるのである。何故に本願の名号が真実であるのか。それは涅槃にその根柢をおいているからである。涅槃は絶対空、絶対無である。絶対空こそものの真実の根拠である。ものは絶対空においてこそ、ありのままをありのままにその真実をあらわにするのである。いま外面の容貌から大寂静に住していることを証し、そこから流れ出た本願の名号だから真実であり、かつてなかったすぐれた容貌だから（大寂静に住しているから）これを出世本懐の教であるというのである。『大無量寿経』の発起序には「如来無蓋の大悲をもって三界を矜哀したまう、世に出興する所以は道教を光闡して、群萠を拯い、恵むに真実の利をもってせんと欲してなり」とあり、同経「重誓偈」には「衆の為めに法蔵を開きて、広く功徳の宝を施さん」とある。それをうけて親鸞は

「この経の大意は弥陀誓ひを超発して、広く法蔵を開きて、凡小を哀みて、選んで功徳の宝を施することを致す。」（『全集』㈠・九頁。『講解教行信証』四五頁）

といっている。『大無量寿経』は仏の証りの法蔵を開いて、功徳の宝を選んで衆生に施さんとし

て説かれたものであるというのである。功徳の宝とは本願の名号であり、この真実の利を施すというのである。これが『大無量寿経』に説かれた真実教の内容である。

だがこれだけではたして他を納得せしめることが出来るであろうか。はじめわたくしはこの思いを禁じ得なかった。

わたくしは出世本懐ということが論ぜられるばあい、少なくとも二つのことが成り立たねばならないと思う。その一つはその教が真実であることである。虚仮であれば仏が説かれる筈がない。そして第二にはその教によって一切衆生が救済されるということである。一切衆生の救済なくしては、釈迦の出世は無意味であろう。ここに宗教の目標があるはずである。またここに宗教と哲学との根本相違があるのである。哲学は真理であることが論証されれば、その目的は達成される。しかし宗教はその教が真実であっても、それによって一切衆生がそれを自己のものとして救われるということがなければ宗教の目的は達成されない。たとえ真実の教が説かれても、無知蒙昧愚鈍なものはそれを聞いて直ちに悟るということは不可能であろう。仏の慈悲はそのような愚鈍なものにこそ注がれているはずである。いま弥陀の本願の名号はこのような愚癡蒙昧なもののために作り上げられたのである。出離の縁もなき五濁の泥凡夫の救済こそが大悲の仏の本懐ではないであろうか。親鸞の目はここにそそがれていた。それなればこそ本願の名号の説かれた『無量寿経』を出世本懐の経と断定したのである。それ故に親鸞は「教巻」を次の言葉で結んでいる。

「誠にこれ如来興世の正説、奇特最勝の妙典、一乗究竟の極説、速疾円融の金言、十方称讃の誠言、時機純熟の真教なり。知るべしと。」（『講解教行信証』七七頁参照）

『無量寿経』こそは出世本懐の正説であり、奇特の法、最勝の道を説いたたぐいまれなる勝れた経典である。そこに説かれた弥陀の本願の教こそ一切衆生をことごとく救う究極の教であり、これほどすみやかに大涅槃に至る道を説いた仏説はない。それだから十方諸仏が讃嘆される教であり、末法濁世に適した教であると結んでいるのである。

ここで蛇足だが一言しておこう。現代の仏教学界では大乗非仏説は定説になっている。『無量寿経』は当然、非仏説である。従って出世本懐をこのような形で主張することは無意味なように思われるかもしれない。しかしここでは釈迦が直接説いたかどうかという歴史的経験的なことは問題ではない。問題は釈迦の真実が説かれているか否かである。外面的容貌から内容を測ることも誤りではない。生きた真実が生きてはたらくとき、そこにおのずから外貌にあらわれるのは当然だからである。真実なるが故に釈迦が説いたのであり、釈迦が究極に目ざしたものなのである。弥陀の本願が真実であり、一切衆生が容易に救われる道なるが故に釈迦の本懐とするところとなったのである。そして弥陀の本願の真実はそれが涅槃から必然的に生まれたものであったからである。究極の真実は他によって論証されるものではない。究極の真実は真実自らが自らの真実を論証するのである。涅槃の真実は涅槃自らにおいて論証されるのである。いま「教巻」では結論をさきに出して断定的に主張しているのである。この主張を単なる主張に終らしめることなく、『無量寿経』に説かれたものが釈迦一代の教の究極の目的であったことを論証しているのが『教行信証』六巻の書である。従ってここの主張はこの六巻を読み終えたとき、はじめて納得しうるものとなるであろう。

三　教行信証の順序

親鸞は「教行信証」を教・行・信・証に分け、教に続いて行についてのべている。普通、聖道教では教行証あるいは教理行果といっている。教とは仏が説かれた教であり、行とは教に順って衆生が修行することをいい、証とは行によって得られるさとりを意味している。それと同じ順序に従って『教行信証』でも「教巻」に次いで「行巻」が説かれている。ところが親鸞は行に続いて信をおいた。教行証に信が加わることによって、行の内容が一変したものとなった。すなわち信の前の行ではあっても、それはむしろ私へはたらきかける仏の行となった。行は私の行であってても本質的には仏のはたらきである。仏のはたらきが私の上に行としてはたらいているのである。従って行は私の上にはたらく仏の行である。そしてこの仏のはたらきかけの行を信ずることによって証へ到るのである。このようにして行と証との間に信がはいることによって、その内容が変って、行が私の行であると共に仏の行という極めて特異なものとなってきたのである。そして信が能信として信ずるというはたらきとなり、信によって私が証に到らしめられるという結果をもたらすのである。それ故に「信巻」本には

「涅槃の真因はただ信心を以てす。」（『講解教行信証』六一七頁）

とあり、「化身土巻」末の流通分には

「信楽を願力に彰はし、妙果を安養に顕はさんと。」（同・一二三〇頁）

とあるのである。私が信楽を獲得するのはひとえに如来選択の願心より起こったのであり、その願力による信楽を獲れば則ち妙果を安養に証するのである。証は浄土において得られるものであるから、教・行・信・証が説かれた後にその証のひらかれる土台である「真仏土巻」が附せられているのである。これが往相の教行信証の過程である。ところが更に「化身土巻」が附せられている。これは後に明らかにするが、凡夫が往相の教行信証へ到るためには三願転入を経なければならない。その三願転入の実践過程を示したのが、「化身土巻」である。「化身土巻」は実践論である。

第三章　行とは何か

行とはいかなるものをいうのであろうか。親鸞はこれを端的に規定して、

「大行とは無㝵光如来のみ名を称するなり。この行は即ちこれ諸の善法を摂し、諸の徳本を具せり。極速円満す、真如一実の功徳宝海なり。故に大行と名づく。」（『全集』㈠・一七頁。『真蹟集成』㈠・二五頁。『講解教行信証』八七頁。）

という。

真実行といえば、無㝵光如来のみ名を称えることであるというのである。無㝵光如来のみ名を称えるといえば、それは南無阿弥陀仏である。行とは南無阿弥陀仏である。南無とは梵語の音写で帰命のことである。従って阿弥陀仏に帰命するはたらきを行というのである。この行にはすべての善がおさまっており、諸の功徳がそなわっているという。大行のうちに具備された諸善諸功徳は具体的にはそのはたらきのうちに功徳の大宝海水として満ちあふれるのである。『一念多念文意』（『全集』㈢・一四五頁）には

「真実功徳とまふすは名号なり。一実真如の妙理円満せるがゆへに、大宝海にたとえたまふなり。一実真如とまふすは、無上大涅槃なり。涅槃すなわち法性なり、法性すなわち如来なり。」

と説明されている。

名号のうちには一実真如の妙理が円満しているというのである。一実真如とは真如法性をいうのである。無上大涅槃をいうのである。すなわち如来そのものをいうのである。南無阿弥陀仏と称える名号のうちには如来そのものが生きて満ちみちてはたらいているというのである。これが行である。この行が弥陀のはたらきであるとすれば、この行はどのようにして生じたのであろうか。

「然るにこの行は大悲の願より出でたり。」（『真蹟集成』㈠・二五頁。『講解教行信証』八九頁。）

という。大悲の願とは第十七願のことである。第十七願が成就して大行が出来上ったというのである。第十七願とは

「設い我仏を得たらむに、十方世界の無量の諸仏悉く咨嗟して我名を称せずば、正覚を取らじ。」（『真蹟集成』㈠・二六頁。『講解教行信証』九三頁参照）

というのである。私が仏になった時に、十方世界の無量の諸仏が私の名をほめたたえないようなことがあったら、私は仏に成らないという誓の願である。私の名とは仏の名号である。十方の諸

仏が南無阿弥陀仏と称え称揚しなかったら、私も仏に成らないと誓った願である。これに続いて親鸞は「重誓偈」の次の文を引いている。

「われ仏道を成らんに至りて、名声十方に超えん。究竟して聞こゆるところなくば、誓う、正覚を成らじと。衆の為に宝蔵を開きて、広く功徳の宝を施せん。常に大衆の中にして説法師子吼せむと。」(『真蹟集成』㈠・二六頁。『講解教行信証』九四頁)

十方の諸仏が弥陀の名号を称揚するということは、具体的には弥陀の名号が十方に響流することである。とりも直さず、南無阿弥陀仏の名号を十方の大衆に対して説法獅子吼することである。そして十方の衆生が称名することである。親鸞はこのように理解したのである。弥陀の十方に響流する名号のはたらきこそ、弥陀の大悲の凝集である。大悲の願とよばれるにふさわしいであろう。そして十方に獅子吼する弥陀の名号こそ弥陀の廻向である。それは十方の衆生が南無阿弥陀仏と称えることでなくてはならない、やがてその実現完成は他力信心としてはたらくであろう。それで親鸞は第十七願を往相廻向之願とよび、第十八願を往相信心之願といい、証をもたらす第十一願を往相証果之願と名づけているのである。第十七願こそはまさしく往相廻向の中核をなすものであるといわねばならない。『一念多念文意』は「廻向は本願の名号をもて十方衆生にあたへたまふ御のりなり」(『全集』㈢・一二七頁)といっている。第十八願の信心も第十一願の証果も第十七願の廻向によって成立するということができるであろう。

親鸞は大行を次の句で結んでいる。

「しかれば名を称するに能く衆生の一切の無明を破し、能く衆生の一切の志願を満てたまふ、称名は則ちこれ最勝真妙の正業なり、正業は則ちこれ念仏なり、念仏は則ちこれ南無阿弥陀仏なり、南無阿弥陀仏は即ちこれ正念なりと、知るべし。」(『真蹟集成』㈠・三七頁。『講解教行信証』一一九頁参照)

第十七願の称名は衆生の一切の無明を破し、衆生の一切の志願を満てたもうという。それは最も勝れた往生の正業である。法然は「往生の業は念仏を本と為す」といった。それをうけついで「正業は則ちこれ念仏なり」(「信巻」)といっているのである。本願のはたらきかけの名号は単に称えられる対象としての名号ではない。それは衆生の称える念仏としてはたらいているのである。称えられる念仏と称える信心の念仏とは異なったものではない。はたらきかける大行の名号はそのまま称える私の信心の念仏である。能所不二の南無阿弥陀仏である。機法一体の南無阿弥陀仏である。『六要鈔』が「十七十八これ更に相ひ離れず、行信能所機法一なり」といったのは至言である。第十七願は第十八願として生きるのであって、両者は不離である。行信能所機法一体の南無阿弥陀仏について、善導の有名な六字釈がある。

「南無と言ふは即ちこれ帰命なり、亦是発願回向の義なり。阿弥陀仏と言ふは即ちこれその行なり、この義を以ての故に必ず往生を得と。」(『真蹟集成』㈠・八三頁。『講解教行信証』一二四三頁参照。)

というものである。

南無阿弥陀仏という名号の具体的なすがたを分析してみれば、南無というのは梵語の音写で、仏の仰せに従うこと、すなわち帰命である。『尊号真像銘文』には

「「言南無者」といふは、すなはち帰命とまふすみことば也。帰命はすなはち釈迦弥陀の二尊の勅命にしたがひてめしにかなふとまふすことばなり。このゆへに「即是帰命」とのたまへり。」(『全集』㈢・九三頁)

という。帰命とは二尊の命令通りに従う私のはたらきである。勅命のままにまかす私のはたらきである。だがこの帰命は私自身の独り勝手な帰命ではない。弥陀の発願回向のはたらきが私の上にはたらいておこった帰命である。弥陀が発願し、私に帰命のはたらきを回向して下さらなければ私の帰命はおこらなかったであろう。弥陀の摂取せねばおかないという願が私の上にはたらいたればこそ、この強情我慢な私が帰命するようになったのである。ここのところを親鸞は「帰命は本願招喚之勅命也」(同上・八五頁)といっている。そして「発願回向」を解釈して、「発願回向といふは、如来すでに発願して衆生の行を廻施したまふの心なり」(同上)といっている。ここに回向についての親鸞の独特な解釈がなされているといわねばならない。「南無といふは即ちこれ帰命なり、亦これ発願回向の義なり」といえば、普通には、南無のうちには帰命の意味とまた行

者が発願して仏に回向するという心が共に含まれていると解するのが文の素直な解釈といえよう。ところが親鸞はそうは解さなかった。発願回向を如来の側にとって、如来が凡夫のために衆生を救わずにはおかないと発願され、わたくしたちの往生の行である名号をこしらえあげて、これをわたくしたちに回向したもうたのであると解釈した。発願回向は私の発願回向ではなくして、全く逆に如来の発願回向なのである。これが親鸞の深い体験を通してあきらかになった南無阿弥陀仏というはたらきの本質である。煩悩の私の南無というはたらきは弥陀の悲心の招喚が私の心をうながしたからではなかったろうか。弥陀の悲心のはたらきがいま私の上に南無としてはたらいているのである。親鸞はかく解せざるを得なかったのである。

それで「阿弥陀仏と言ふは即ち是れその行なり」について親鸞は「即是其行と言ふは即ち選択本願これなり」（同上）と解釈した（『講解教行信証』二五九頁参照）。選択本願とは願でいえば第十八願である。この選択本願のはたらきは、いま私の上にはたらいているのである。これが回向である。この回向のはたらきのうちに阿弥陀仏は生きてましますのである。この回向のはたらきを外にしてどこに如来はいますであろうか。「阿弥陀仏と言ふは即ち是れその行なり」とはこのことを端的に言い表した言葉であろう。具体的にはこの選択本願のはたらきのうちにこそ阿弥陀仏は生きてましますのである。まさに阿弥陀仏は選択本願の行そのものである。

善導は「この義を以ての故に必ず往生を得と」という句をもってその六字釈を結んでいる。これについて親鸞は次のように解釈した。

「必得往生と言ふは不退の位に至ることを獲ることを彰はすなり。経には即得と言へり、釈には必定と言へり。即の言は願力を聞くに由て報土の真因決定する時剋の極促を光闡せるなり。必の言 審《ツマヒラカ》也 分極《アキラカ》也 然《シカラシムル》也 金剛心成就之皃《カオハセ》也。」(同上・八五頁。『講解教行信証』二六四頁参照)

ここで「必ず往生を得」というのは正定聚不退転の位に至ることをいうのである。『無量寿経』の第十八願成就文のところでは「即得往生住不退転」といわれている。そして龍樹菩薩の「易行品」には「即時入必定」ととかれ、曇鸞は「入正定之数」といっている。いまこの経・論・釈の言葉を考えてみれば、ここで「即」といわれているのは、弥陀の本願力を聞くことによって真実の報土たる浄土へ往生することが決定する時剋の極めて短いということを明らかに示しているのである。すなわち本願を聞信する一念の時、直ちに往生が決定することをいうのである。これが他力金剛心が成立した状態である。このようにして親鸞は正定聚不退転にはこの娑婆の現在において信心決定した時に至るとするのであって、この現生正定聚ということが親鸞の特色をなしているのである。このようにして即得往生、住正定聚、即時入必定、これ等は現生における金剛心成就、信心の事態なのである。このようにして真実の行と信とを獲るならば、心は歓喜に満たされるからこれを歓喜地といわれているのである。

第四章　真実の信

一　三　心

親鸞は信心の願として第十八願をあげている。第十八願とは

「設えわれ仏を得たらんに、十方の衆生、心を至し信楽してわが国に生れんと欲ふて乃至十念せん、もし生れざれば正覚を取らじと。ただ五逆と誹謗正法を除く。」（『講解教行信証』四八五頁参照）

とある。法然はこの第十八願を法蔵の四十八願中の王本願となしたが、親鸞もこれを受けついで、この願を浄土真宗成立の根本願としたのである。

この願をみると、そこには浄土に往生するには至心・信楽・欲生の三つの心を起こすことが要求されている。しかし煩悩の凡夫にこのような三心を起こしうるであろうか。それは到底不可能といわねばならない。そこで親鸞はこういっている。

「一切の群生海、無始よりこのかた乃至今日今時に至るまで、穢悪汚染にして清浄の心なし、

虚仮諂偽にして真実の心なし。ここを以て如来、一切苦悩の衆生海を悲憫して不可思議兆載永劫において菩薩の行を行じたまひしとき、三業の所修、一念一刹那も清浄ならざることなし、真心ならざることなし。如来清浄の真心をもて円融無碍不可思議不可称不可説の至徳を成就したまへり。如来の至心を以て諸有の一切煩悩悪業邪智の群生海に廻施したまへり。」

(『真蹟集成』㈠・九六頁。『講解教行信証』六三〇頁参照)

衆生には真の至心というものができないから、如来が至心してそれを廻向したもうたのだというのである。如来の至心とは法蔵菩薩の時、一切衆生救済のために修行されたその時の心は一念一刹那といえども清浄でないことはなく、真心でないことはなかったというのである。至心について「斯の心は則ち是れ不可思議不可称不可説一乗大智願海回向利益他之真実心なり、是を至心と名づく」といわれている(『真蹟集成』㈠・二〇一頁。『講解教行信証』六四四頁参照)。至心とは如来の智慧の本願海から回向して下された真実心であるというのである。そしてここに名号が成就されたのである。この名号を如来の至心をもって衆生に回施されたのである。それが私の上に生きている名号である。それは私の上に至心として生きるのである。私の至心は私の上にはたらいている如来の至心である。至心の名号がはたらいているのである。それ故に「この至心は至極の尊号をその体とせるなり」といわれるのである。その相が信楽である。

「信楽と言ふは則ち是れ如来の満足大悲円融无碍の信心海なり、この故に疑蓋間雑有ることなし、故に信楽と名づく、即ち利他回向の至心を以て信楽の体となすなり。」（『真蹟集成』㈠・二〇三頁。『講解教行信証』六五〇頁参照）

如来の至心がそのまま私の信楽の上にはたらいているのである。この信楽こそ円融の信心海である。信心はどこまでも私の信心であるが、それは如来の回向の信心であるから無礙広大の浄信である。この信心の内容となるはたらきが欲生である。

欲生といえば私が浄土へ往生したいと思う心である。しかしそれは私が自力的に起こした心ではない。私の上にはたらいた弥陀招喚の声がわたくしの上に私の欲生心となってはたらいているのである。私の欲生心は弥陀招喚のこだまともいうことができる。それで親鸞は

「欲生と言うは則ちこれ如来諸有の群生を招喚したまふの勅命なり。即ち真実の信楽をもって欲生の体とするなり。誠にこれ大小凡聖定散自力の回向に非ず、故に不回向と名づくるなり」（『真蹟集成』㈠・二一六頁。『講解教行信証』七〇〇頁参照）

というのである。「欲生は如来招喚の勅命なり」という。欲生は如来回向の欲生であって、私からみれば不回向の行というほかないであろう。だから「欲生は即ちこれ廻向心なり、これ則ち大悲心なるが故に疑蓋雑ることなし」（同上・七〇二頁）といわれるのである。それで至心は信楽の体となるものであり、信楽は欲生の体となるといわれるのである。

この至心・信楽・欲生の凝り固まったものこそ、私が「世尊我一心、帰命尽十方無礙光如来、

願生安楽国」とよびかける一心にほかならない。それで親鸞は次のように結んでいる。

「信《まこと》に知んぬ、至心・信楽・欲生、その言異なりといへども、その意これ一つなり。何を以ての故に、三心すでに疑蓋雑ることなし。かるがゆへに真実の一心なり。これを金剛の真心と名づく。金剛の真心、これを真実の信心と名づく。」(『真蹟集成』㈠・二二三頁。『講解教行信証』七三三頁参照)と。

この至心・信楽・欲生が本願の三心といわれているものである。これは信心の内実である。そしてこの信心の相というべきものは、まごころのこもったねんごろな信心として淳心であり、疑いの雑らない信心として一心であり、中途半端な不連続な信心ではなくして、常に相続する信心として相続心である。いまこの信心を守護する譬として有名な二河白道の譬喩がある。

二　二河白道の譬喩——宗教的決断

「譬ば人ありて西に向ひて行かんと欲するに百千の里ならん。忽然として中路に二の河あり。一には是れ火の河南に在り、二には是れ水の河北に在り。二河各々闊《ひろさ》百歩、各々深くして底无し、南北辺《ほと》り无し。正しく水火の中間に一の白道あり、闊《ひろさ》四五寸ばかりなるべし。此の道東の岸より西の岸に至るに亦長さ百歩、その水の波浪交り過ぎて道を湿す、その火焰また来りて道を焼く、水火相ひ交りて常にして休息なけむ。此の人すでに空曠の迥《はるか》なる処に至るに更に人物なし、多く群賊悪獣ありて、此の人の単独なるを見て、競い来りて此の人を殺せむと欲す。死を怖《おそ》れて直ちに走りて西に向うに忽然として此の大河を見て即ち自ら念言すらく。この河南北辺畔を見ず、中間に一の白道を見る、極めて是狭少なり、二岸相去ること近しと雖も何に由りてか行く可き、今日定めて死せむこと疑はず、正しく到り回《かへ》らむと欲すれば群賊悪獣漸漸に来り逼《せ》む、正しく南北に避《さけ》走らむと欲すれば、悪獣毒虫競ひ来りて我に向ふ、正しく西に向ひて道を尋《たずね》て去《ゆ》かんと欲すれば、復恐らくはこの水火の二河に堕せんことを。時に当りて惶怖《オソレオソル》すること復た言ふべからず、即ち自ら思念すらく。我今回《かへら》ば亦死せむ、住《とどま》らば亦死せむ、去《ゆ》かば亦死せむ、一種として死を勉《まぬか》れざれば我寧《やす》く此の道を尋ねて前に向ふて去《ゆ》かむ。既に此の道あり、必ず可度すべしと。此の念をなす時、東の岸に忽ちに人の勧むる声を聞く。仁者《きみ》但決定して此の道を尋ね行け、必ず死の難无けむ、若し住まらば即ち死せむと。又西の岸の上に人有りて喚ふていわく、汝一心に正念して直ちに来れ、我能く汝を護らむ、衆べて水火の難に堕せむことを畏れざれと。此の人既に此こに遣はし彼に喚ばふを聞いて、即ち自ら正しく身心に当て決定して道を尋ねて直ちに進みて疑怯退心を生ぜずして或は行くこと一分二分するに東の岸の群賊等喚ふて言はく。「仁者《きみ》回《かへ》り来れ、此の道嶮悪なり過ぐることを得じ、必ず死せむこと疑はず、我等衆べて悪心あて相ひ向ふこと无しと。此の人喚ばふ声を聞くと雖も亦回顧《かへりみ》ず、一心に直ちに進むで道を念じて行けば、須臾に即ち西の岸に到りて永く諸難を離る。善友相ひ見て慶楽すること已《や》むこと无からむが如し。此は是喩なり」（『真蹟集成』㈠・一八二頁。『講解教行信証』五七九頁以下参照）

この喩において「我今回《かへ》らば亦死せむ、住《とどま》らば亦死せむ、去《ゆ》かば亦死せん、一種として死を勉《まぬか》れず」という絶体絶命の境地を先輩は「三定死」とよんでいる。宗教的信仰にはこのような絶体絶命の三定死がある。そこにこちらからは釈迦は行けとすすめ、あちらからは弥陀は来いよと呼びたまう。群賊悪獣はよびかえそうと誘惑する。この時「一種として死を勉れざれば我寧くこの道を尋ねて前に向ふて去かむ。既にこの道あり、必ず可度すべしと」という捨て身の決断がある。この三定死と捨て身の決断こそ宗教的決断の極致である。この極致において白道に一歩ふみ込んだ瞬間、道は闊然として開けたのである。それが清浄の願生心である。

この喩は宗教的決断の様子を巧みに描き出している。ところでこの喩において気になるのは白道である。白道とは何であろうか。この喩を説明したところでは衆生の貪瞋煩悩中に生じた清浄願往生心に喩えたものであるという。そしてかの願力の道に乗じて捨命以後かの国に生れることを得て、といわれているように白道は願力の道に喩えられている。従って白道は行者の清浄の信心であると同時に如来の願力の道である。すなわち白道は如来の願力のはたらきであると同時にそれが衆生の貪瞋煩悩の中にはたらくとき、それは衆生の清浄の信心として生きるのである。両者は別なものではなくして一つなのである。清浄の信心とは衆生の煩悩に如来の願力のはたらいたものにほかならない。それを白道が貪瞋煩悩の火にやかれ水波に洗われるといい、功徳の法財を焼くと表現しているのである。『愚禿鈔』では白道の四五寸を釈して「四五寸とは四の言は四大毒蛇に喩るなり、五の言は五陰悪獣に喩るなり」といっている。白道は如来の願力でありながら、衆生においては四大五陰によって形成されているのである。貪瞋煩悩のはたらきのところに願力即信心が成立しているのである。従って四五寸の狭小の道はそのまま他力の大道なのである。坦々たる無碍の大道である。それ故に親鸞は白道を説明して「白は即ちこれ選択摂取の白業、往相回向の浄業なり」といい、「道は則ちこれ本願一実の直道、大般涅槃、无上の大道なり」といっているのである（『講解教行信証』七一八頁、七一九頁、五九二頁参照）。現実の娑婆世界にあっては貪瞋煩悩のはたらきをほかにして、願力もはたらかなければ、信心もない。貪瞋煩悩は現実の事実である。そしてそこに如来の摂取不捨の本願力ははたらきかけるのである。如来の本願力は私の在るところ、そこに倦むことなくはたらきかけているのである。私の在るところ、白道はそこに在るのである。ただ貪瞋煩悩のはたらきのために白道は狭小にみえるのである。人はここにかつてカール・バルトに対して提起されたエーミル・ブルンナーの「結合点」の問題が鮮かに解明されていることをみることができよう。すなわち絶対罪悪の凡夫が救われるためにはそこに何らかの結びつきの点がなければならないではないか。絶対罪悪とすれば結合点がなくなるではないかという問題である。この問がキリスト教界に問題になったが、ここではそれが白道によって鮮かに解決されている。詳しくは『講解教行信証』「信の巻」参照。

三　横超断四流

二河譬に示されたものが信の決断の相であるのにたいして信の決断の内実の有様を親鸞は「横超断四流」として示している。

横超とは竪《じゅ》超、竪出、横出に対した語である。親鸞は聖道門を竪超と竪出とに分けて、聖道門は修行によって竪《た》てに漸次に煩悩を断じてゆくものであるから竪といい、漸次に煩悩の現実を出るのを竪出といい、同じ修行を経ても頓的にこの場で現実を超えるのを竪超というのである。それに対して浄土門は修行をまつことなしに、如来の本願力によって横ざまに救われる教であるから横といい、それに漸次に理想に近づいてこの現実を出ようとする教を横出といい、この現実において横ざまに頓的に一気に現実を超える教を横超というのである。第十八願の信はこのような横超であって、信を獲た端的に横ざまに煩悩の四流を超断して涅槃の証をうるのである。それで「横超は即ち願成就一実円満の真教、真宗是れなり」といい、「大願清浄の報土には品位階次を云はず、一念須臾のあいだに、速かに疾く无上正真道を超証す。故に横超という也」（『真蹟集成』

㈠・二三八頁。『講解教行信証』八二八頁参照）といっている。横超は弥陀の本願の成就によって一挙に仏の証を獲得するのであり、真実の円融自在の功徳を具足しているものである。この事態を『無量寿経』から抄出して、

「必ず超絶して去ることを得て、安養国に往生して、横に五悪趣を截り、悪趣自然に閉じむ。道に昇るに窮極なし。往き易くして人なし。その国逆違せず、自然の牽《ひ》くところなり。」（『真蹟集成』㈠・二三九頁）

といい、『尊号真像銘文』にはこれを解説して

「『必得超絶去往生安養国』といふは、必はかならずといふ。かならずといふはさだまりぬといふこゝろ也、また自然といふこゝろ也。得はえたりといふ、超はこえてといふ。絶はたちすてはなるといふ、去はすつといふ、ゆくといふ、さるといふ也。娑婆世界をたちすてゝ流転生死をこえはなれてゆきさるといふ也。安養浄土に往生をうべしと也。安養といふは弥陀をほめたてまつるみことゝみえたり、すなわち安楽浄土也。」（『全集』㈢・七七頁以下）

という。三定死による宗教的決断によって白道に足を踏みいれた時、流転生死を超え離れたのである。そこには安養浄土への道が開けているのである。往生は超躍である。そして語を次いで

「『横截五悪趣、悪趣自然閉』といふは、横はよこさまといふ、よこさまといふは如来の願力を信ずるゆへに行者のはからいにあらず、五悪趣を自然にたちすて四生をはなるゝを横とい

ふ、他力とまふす也、これを横超といふ也。横は竪に対することば也、竪は迂に対すること ば也、竪はたゝさま迂はめぐるとなり、竪と迂とは自力聖道のこゝろ也、横超はすなわち他力真宗の本意也。截といふはきるといふ、五悪趣のきづなをよこさまにきる也。悪趣自然閉といふは、願力に帰命すれば五道生死をとづるゆへに自然閉といふ、閉はとづといふ也。本願の業因にひかれて自然にむまるゝ也。「昇道無窮極」といふは、昇はのぼるといふ、のぼるといふは無上涅槃にいたる、これを昇といふ也。道は大涅槃道也、無窮極といふはきわまりなしと也。「易往而無人」といふは、易往はゆきやすしと也、本願力に乗ずれば本願の実報土にむまるゝことうたがひなければ、ゆきやすき也。無人といふはひとなしといふ、人なしといふは真実信心の人はありがたきゆへに実報土にむまるゝ人まれなりとなり。しかれば源信和尚は、報土にむまるゝ人はおほからず、化土にむまるゝ人はすくなからずとのたまへり。「其国不逆違自然之所牽」といふは、其国はそのくにといふ、すなわち安養浄刹なり、不逆違はさかさまならずといふ、たがはずといふ也、逆はさかさまといふ、違はたがふといふ也。真実信をえたる人は大願業力のゆへに、自然に浄土の業因たがはずして、かの業力にひかるるゆへにゆきやすく、無上大涅槃にのぼるにきわまりなしとのたまへる也。しかれば自然之所牽とまふすなり。他力の至心信楽の業因の自然にひくなり。これを牽といふ也。自然といふは行者のはからいにあらずとなり。」(『全集』㊂・七八頁以下)

横超は行者の自力ではない。自力的なはたらきには横超ということはありえない。自力我執は自力では断ちきれない、これが断ち截られるには他力によるほかはない。横超の宗教的決断においては他力自然がはたらいているのである。他からの否定によってはじめて自力我執の連続が横に断ち截られるのである。かくして生死流転のきずなは自然に閉息するのである。それ故に親鸞は「横超はすなわち他力真宗の本意也」というのである。

信の決断の一刹那は横超断四流である。

「断といふは、往相の一心を発起するが故に生としてまさに受くべき生なし、趣としてまた到るべき趣なし。すでに六趣・四生、因亡じ果滅す、かるがゆへに即ち頓に三有の生死を断絶す。かるがゆへに断といふなり。四流とは則ち四暴流なり、また生・老・病・死なり。」

(『真蹟集成』㈠・二四〇頁。『講解教行信証』八三六頁参照)

往相の一念を発起するとき、横超断四流はおこっているのである。それを契機として六趣・四生の因も果も滅し、三有生死を断絶するのである。信一念の端的に断はおこっているのである。信の決断を表側とするならば、その裏側は横超断四流である。私の信の決断のところには他力の横超断四流がはたらいているのである。

第五章　現生正定聚

さきにも引用した如く

「大願清浄の報土には品位階次を云はず、一念須臾の頃に、速かにとく無上正真道を超証す。かるがゆへに横超と曰ふなり。」

といわれている。清浄の報土に一念須臾の頃に往くことを横超といっているところからみれば、横超断四流とは往生の事態をいったものにほかならない。親鸞はこの往生の事態を獲信においてみているのである。『正信偈』には「信を獲て見て大きに慶ぶ人は即ち横に五悪趣を超截す」といい、『尊号真像銘文』には

「「即横超截五悪趣」といふは、信心をえつれば、すなわち横に五悪趣をきるなりとしるべしと也。即横超は、即はすなわちといふ。信をうる人はときをへず日をへだてずして正定聚のくらゐにさだまるを即といふ也。横はよこさまといふ。如来の願力なり。他力をまふすなり。超はこえてといふ。生死の大海をやすくよこさまにこえて、無上大涅槃のさとりをひ

らく也。」

といい、「高僧和讃」には（『全集』㈢・一一九頁）

　金剛堅固ノ信心ノ
　サダマルトキヲマチエテゾ
　弥陀ノ心光摂護シテ
　ナガク生死ヲヘダテケル

といい、『愚禿鈔』にも

　信受本願　前念命終　「即入正定聚之数」文
　即得往生　後念即生　「即時入必定」「又名必定菩薩也」文
　他力金剛心也　応知

と即得往生を他力金剛心なりといい、十八願成就文の「諸有衆生、聞其名号、信心歓喜、乃至一念、至心廻向、願生彼国、即得往生、住不退転、唯除五逆、誹謗正法」の即得往生を獲信の事態にとらえている。『一念多念文意』には

「即得往生といふは、即は、すなわちといふ、ときをへず日おもへだてぬなり。また、即は

つくといふ。そのくらゐにさだまりつくといふことばなり。得は、うべきことをえたりといふ、真実信心をうれば、すなわち無㝵光仏の御こころのうちに摂取して、すてたまはざるなり。摂はおさめたまふ、取はむかへとるとまふすなり。おさめとりたまふとき、すなわち、とき日おもへだてず、正定聚のくらゐにつきさだまるを、往生をう《おうじやうすべきみとさだまるなり》とはのたまへるなり。」(『全集』㈣・一二七頁)

また

「すなわち往生すとのたまへるは、正定聚のくらゐにさだまるを不退転に住すとはのたまへるなり。このくらゐにさだまりぬれば、かならず无上大涅槃《まことのほとけなり》にいたるべき身となるがゆへに、等正覚《ほとけになるべきみとさだまれるをいふなり》をなるともとき、阿毗抜致《ほとけになるべきみとなるなり》にいたるとも、阿惟越致にいたるともときたまふ。即時入必定ともまふすなり。この真実信楽は、他力横超の金剛心なり。」(同上・一二九頁)

とのべている。

以上あげた文を素直にみるとき、親鸞は信心獲得の時を往生としてとらえて、これを正定聚不退転の位としていることは否むことができないといわねばならない。覚如が『口伝鈔』(『真宗聖典』下八三四頁)に親鸞の念仏往生を不体失往生となし、念仏往生は仏の本願によって往生するのであって、他力信心の定まるとき、即得往生住不退転を治定するからこの体が亡失しなくとも、すでに往生の業事成弁するから体失せずして往生すると説明した事は正しいといわねばならない。

親鸞にとって問題は信を獲るか否かが往生の問題であって、体失か不体失かではない。それで「厭へば則ち娑婆永く隔つ、忻へば則ち浄土に常に居せり。隔つれば則ち六道の因亡じ、論廻の果自ら滅す。因果すでに亡じて則ち形と名と頓に絶ふるおや」といわれるのである。浄土は死後のはるか彼方にあるのではない。信を獲たその時、浄土に常に居せりといわれる如く、浄土は信者の脚下にあるのである。ただそれが肉体のある限り、すでに往生しているに拘らず、浄土は直接的に具体化してあるのではなくしていわば逆接的にあるのである。これを親鸞は「信心のひとは、この心すでにつねに浄土に居す」（『末灯鈔』三）と表現しているのである。

しかし肉体の臨終が問題でなかったのではない、肉体の死によって浄土は直接的に顕わになるのである。肉体のあるかぎり浄土は逆接的にそこに在るのである。その状態を「正信偈」には

「摂取の心光常に照護したまふ、已に能く無明の闇を破すと雖も、貪愛瞋憎の雲霧、常に真実信心の天に覆へり、譬へば日光の雲霧に覆はるれども、雲霧の下明らかにして闇無きが如し」

とのべている。煩悩の肉体の死後、浄土は直接的に具体化して顕わになり、無上涅槃を証して成仏することができるのである。それで「信巻」には

「真に知りぬ、弥勒大士は等覚の金剛心を窮はむるが故に、龍華三会の暁まさに无上覚位を極むべし。念仏衆生は横超の金剛心を窮はむるが故に、臨終一念の夕、大般涅槃を超証す。」

(『真蹟集成』㈠・二五五頁。『講解教行信証』八九八頁参照)

といっている。念仏の衆生はやがて臨終一念の夕べ大般涅槃を超証すると解される。これは横超の即得往生とは区別されて、体失の臨終と解される。消息にははっきりと肉体の死後、浄土に往生して、大般涅槃を得て成仏すると解されている。

このようにみるとき、親鸞には横超の不体失往生と体失往生との二種の往生があったと解さねばならない。そして横超の不体失往生が本来の往生すなわち真実報土への往生であるといわねばならない。単なる肉体の死によっては四流を超断することはできない。四流を超断した往生にしてはじめて自然虚無の身、無極の体を受けることができるのである。

しかし肉体の臨終が問題でなかったのではない。煩悩の肉体の死後、浄土は直接的に具体化して顕わになり、無上涅槃を証して成仏することができるのである。その意味で即得往生の往生と成仏とは区別すべきだと思う。

親鸞が獲信の事態を横超断四流として、そこに即得往生を語りながらそれを直ちに成仏とみずして正定聚位としたことは、そこに厳しい真摯な現実認識があったからにほかならない。論理的には横超断四流が往生なのである。しかしそこでは浄土も成仏も直接的に顕わではない。何故か。肉体の煩悩がそれを覆っているからである。本来的には往生しているにも拘らず、現実的にはそれが覆われているのである。この現実認識こそが親鸞をして現生に正定聚位といわしめたのである。かくして現生正定聚が親鸞の特色となったのである。横超断四流によって生死を超断するとき、私はすでに仏の光明の裡に在るのである。これが事実である。しかし同時に私は肉体のあるかぎり、煩悩的に生きている。この二つの事実を素直に認めるとき、即得往生といいながら直ちに往生の完結とみることができなかった。正定聚位といわざるを得なかったのである。煩悩を超断しながら煩悩があるということは矛盾である。この矛盾の事実を素直にみたとき、現生正定聚ということがいわれてきたのである。ここに親鸞の真面目があるのである。

これが信の到達点である。

第六章　抑止門

罪悪深重の凡夫が救われる道はただ第十八願の他力本願によるよりほかはない。ところがその第十八願文をみると

「設我得仏　十方衆生　至心信楽　欲生我国　乃至十念　若不生者　不取正覚　唯除五逆　誹謗正法」

とあり、その成就文には

「諸有衆生　聞其名号　信心歓喜　乃至一念　至心回向　願生彼国　即得往生　住不退転　唯除五逆　誹謗正法」

とある。唯除五逆誹謗正法というように除外例が設けられている。四十八願中このような除外例が設けられているのは第十八願だけである。どうしてであろうか。

まず親鸞は善導の抑止門の解釈を引いてこれを解釈している。抑止門というのは抑え止めるという意味で、如来がこれらの罪を造らないように抑え制止するために設けられたというのである。

もしこれを犯せば阿鼻地獄に堕するというのである。如来はこれらの罪の重いことを知らしめ、これを造らないようにするため方便してこういわれたのであって、これらの者を絶対に救わないという意味ではない。五逆罪のものも謗法の者も回心すれば皆往生できるのである。弥陀の本願は一切衆生を救うのである。

抑止門は未だ造っていない罪についていわれているのであって、すでに造られたものについては回心すればこれを救うというのである。「謗法・闡提、回心すれば皆往く」（『真蹟集成』㈠・三二七頁。『講解教行信証』一〇八九頁参照）のである。往生できないといわれている謗法罪の者もまた絶対に成仏することができないといわれている闡提も回心して弥陀の本願力に乗ずるならば、皆往生することができるのである。『尊号真像銘文』には

「唯除五逆誹謗正法といふは、唯除といふは、たゞのぞくといふことば也、五逆のつみびとをきらい、謗法のおもきとがをしらせむと也。このふたつのつみのおもきことをしめして、十方一切の衆生みなもれず往生すべしとしらせむとなり。」（『真蹟集成』㈣・一四〇頁）

といっている。

ここで、未造業なるが故にこれを造らせないための抑止という解釈は一応わからないではないが、しかし唯除五逆誹謗正法の句は第十八願文の句であり、因願文にも成就文にもともに附せられている句である。とすれば、第十八願にとって特に本質的な意味があるのではないであろうか。

これがわたくしの率直な疑問である。誹謗正法は単に積極的に正法を謗る者だけでなく、仏や仏法に無関心なものも、その教を信じようとしない者も含まれていよう。わたくしが仏によって在らしめられているにも拘らず、それを知らず、自立的にあると思う者は仏に背いている者であるとすれば、仏に無関心な者はすべて本質的には誹謗正法の者であろう。それはわたくしにとっては未造業どころか已造業である。仏に背いた謗法の者である。私こそ謗法罪を犯している極重悪人ではないであろうか、弥陀の大悲に抱かれながら、これに背いた行為ではないか。唯除五逆誹謗正法は未造業ではなくして已造業なのである。人間が主我的人間として振舞うかぎり、それは仏に背いているのである。人間本性に巣くうこの主我性こそ、謗法といわずして何であろう。仏に背いている罪業である。この反逆性の重大な罪業を知らしめんための唯除五逆誹謗正法ではなかったろうか。倦くなき大悲に抱かれながら大悲を知らず、主我的に振舞うことの罪を知らしめんがための唯除ではなかったろうか。唯除の私であるにも拘らず、私は大悲に抱かれているのである。大悲への回心をうながすものこそ唯除である。謗法の罪を知らせしめんがための唯除ではなかろうか。謗法の自覚こそは回心への跳躍板である。唯除といわれてはじめて罪の深さを自覚せしめられるのである。この自覚は道徳的な後悔や懺悔ではない。道徳的な自覚はいかに深められても唯除の自覚には達し得ない。唯除は仏よりの回向の恵みである。この唯除という回向の恵みこそ私をして謗法の罪の深さに気付かしめるのである。唯除五逆誹謗正法の宣言こそ回心をうながす仏のこよなき恵みなのであり、私の回心の跳躍板なのである。「謗法闡提回心すればみな往く」のである。ここに「唯除五逆誹謗正法」の八文字が第十八願に附せられた深き意味を汲みとることができるのではないであろうか。このように解することによってその前に永々と書き綴られた阿闍世の帰仏の物語に画龍点睛の役割を果たしているのではなかろうか。唯除はかく主体的に解することによって生きてくるのではないであろうか。わたくしはかく解した。

第七章　証について

親鸞は信巻に続いて証巻を書いた。それは信の辿りつく最後が証であるからである。それで証巻は獲信の結果辿りつくところの証がいかなるものであるかを明らかにしているのである。

この証を得ることの願として親鸞は第十一願をあげている。

「設い我れ仏を得たらんに、国の中の人天、定聚に住し、必ず滅度に至らずば、正覚を取らじと」

という誓願である。これを必至滅度の願、証大涅槃の願とよんでいる。一般に浄土教においては、浄土に往生して、そこで正定聚に住して、成仏すると解せられている。ところが親鸞では上述のごとく（七八頁参照）、獲信のその時正定聚に住するのである。そして肉体の死後に滅度を得、大涅槃を証することができるのである。

ではその証とはいかなるものかといえば、「謹んで真実証を顕はさば、則ちこれ利他円満の妙位、無上涅槃の極果なり」（『真蹟集成』㈠・三三九頁）という。真実の証は単に自利満足したというだけでなく、利他のはたらきも円満しているのである。それは無上涅槃の境地だというのである。このことを具体的に説明して次のようにいっている。

「しかるに煩悩成就の凡夫、生死罪濁の群萠、往相回向の心行を獲れば、即の時大乗正定聚の数に入るなり。正定聚に住するが故に必ず滅度に至る。」(『真蹟集成』㈠・三三九頁)

いま煩悩に泥まみれの凡夫、生死輪転している民衆は弥陀より回向された往相の信心を獲ると、獲信のその時、正定聚に住するのである。正定聚に住するが故に、死後には必ず滅度に至ることが出来るのである。更に続けて

「必ず滅度に至るは即ちこれ常楽なり。常楽は即ちこれ畢竟寂滅なり、寂滅は即ちこれ無上涅槃なり、無上涅槃は即ちこれ无為法身なり。无為法身は即ちこれ実相なり、実相は即ちこれ法性なり、法性は即ちこれ真如なり、真如は即ちこれ一如なり。然れば弥陀如来は如より来生して報・応・化種々の身を示現したまふなり。」(同上。『講解教行信証』一一〇七頁参照)と。

このようにたたみかけて説明されると呆然とせざるを得ないが、これが「証」の本質なのである。教行信の至りついた証とはこのようなものなのである。ここでのべられた証の内実は『浄土文類聚鈔』においても同様にのべられているが、最も平易に説かれているのは『唯信鈔文意』の極楽无為涅槃界の説明である。そこでは次のように説かれている。

「「極楽无為涅槃界」といふは、極楽とまふすはかの安楽浄土なり、よろづのたのしみつね

にして、くるしみまじわらざるなり。かのくにおば安養といへり。曇鸞和尚はほめたてまつりて安養とまふすとこそのたまへり。また『論』には、「蓮華蔵世界」ともいへり、「无為」ともいへり。涅槃界といふは无明のまどひをひるがへして、无上涅槃のさとりをひらくなり。界はさかいといふ、さとりをひらくさかいなり。大涅槃とまふすにその名無量なり。くわしくまふすにあたはず、おろ〳〵その名をあらはすべし。涅槃おば滅度といふ、无為といふ、安楽といふ、常楽といふ、実相といふ、法身といふ、法性といふ、真如といふ、一如といふ、仏性といふ、仏性すなわち如来なり。この如来微塵世界にみちみちたまへり、すなわち一切群生海の心なり。この心に誓願を信楽するがゆへに、この信心すなわち仏性なり、仏性すなわち法性なり、法性すなわち法身なり。法身はいろもなし、かたちもましまさず。しかればこゝろもおよばれずことばもたへたり。この一如よりかたちをあらわして、方便法身とまふす御すがたをしめして、法蔵比丘となのりたまひて、不可思議の大誓願をおこしてあらわれたまふ御かたちおば、世親菩薩は尽十方无㝵光如来となづけたてまつりたまへり。この如来を報身とまふす、誓願の業因にむくひたまへるゆへに報身如来とまふすなり。報とまふすはたねにむくひたるなり。この報身より応・化等の无量无数の身をあらはして、微塵世界に无㝵の智慧光をはなたしめたまふゆへに尽十方无㝵光仏とまふすひかりにて、かたちもましまさず、いろもましまさず、无明のやみをはらひ悪業にさえられず、このゆへに无㝵光とまふすなり。无导はさわりなしとまふす、しかれば阿弥陀仏は光明なり、光明は智慧のかたちなりとしるべし。」（『全集』㈣・一七〇―一七二頁。専修寺本）

極楽といふのは無為涅槃の境界である。それは滅度とよばれる世界である。真如、一如の世界である、寂滅の世界、絶対無の世界である。しかしそれは単なる寂滅の境界ではない、絶対静の世界であると共に絶対動の世界である。常に一切に働きかけているのである。ここのところを「真如といふ、一如といふ、仏性といふ、仏性すなわち如来なり。この如来微塵世界にみち〳〵たまへり、すなわち一切群生海の心なり」といっている。一如は絶対無である。無である如来はそのまま微塵世界にみちみちているのである。無即有、有即無である。如においては煩悩はそのまま菩提であり、生死はそのまま涅槃である。それで正嘉本（『真宗法要』本）ではここのところを「この如来微塵世界にみち〳〵てまします、すなはち一切群生海の心にみちたまへるなり、草木国土ことごとくみな成仏すととけり」と書いている。草木国土みな成仏する根拠は仏性たる如来が微塵世界にみち〳〵ているからであり、仏性が一切群生海の心であるからである。この一切群生海の心に誓願を信楽するがゆえに、この信心すなわち仏性なのである。一如にあっては煩悩即菩提、生死即涅槃であるから、草木国土みな成仏することが可能なのである。草木国土悉皆成仏の根拠はこの一如にあるといわねばならない。涅槃界にその根拠があるのである。それで「涅槃界といふは无明のまどひをひるがへして、无上涅槃のさとりをひらくなり。界はさかいといふ、さとりをひらくさかいなり」といわれているのである。無上涅槃の世界にあっては無明を転じて涅槃をひらくのである。そこでは無明即明であり、明即無明である。煩悩のままが菩提なのである。われわれはここのところを見のがしてはならないであろう。

われわれの信心が仏性なのは、われわれの心に如来がみちみちていたからである。もっと正確にいえば、われわれの心がそのまま一如においては仏性であったからである。一如の世界では無明の迷いの心がそのまま転じて証《さと》りをひらくのである。その転換の契機をなすものが信心である。誓願を信楽する信心である。信心を契機として無明のまどいが転じて涅槃のさとりが開かれるのである。その世界が極楽世界なのである。

そこで親鸞はその信心の成立についてのべている。

真如法性はそのまま動的なはたらきをなすものとして法身である。法身はいろもなく、かたちもない、言亡慮絶の絶対空そのものである。絶対空の一如そのものは法身として絶対動である。それが現実世界に形をあらわし、すがたを示し、法蔵比丘となって、十方衆生救済の大誓願をおこし、その願が成就し、阿弥陀仏となられたのである。この阿弥陀仏を世親菩薩は尽十方無导光如来と名づけられたのである。この如来を絶対空の法性法身に対して方便法身というのである。この阿弥陀如来を報身というのであるが、それは衆生救済の大誓願をおこし、この誓願に報いてあらわれた如来であるから、報身如来ともうすのである。そしてこの報身如来から応身・化身等の無量無数のすがたをあらわして、縁に応じ、機に応じて自由自在にはたらくのである。その本体は智慧光であるので尽十方无㝵光如来ともうすのである。本体は光明でいろもなく形もない、それは無明の闇をはらい悪業にさえられず、光明そのものである。

証は行・信のいたりついた結果である。しかしそれは果というだけにとどまらない。証は絶対静即絶対動として常に現実にはたらきかけているのである。行とはこの証のはたらきかけたものにほかならない。南無阿弥陀仏という名号は証たる一如の現実におけるはたらきそのものにほかならない。このようにして行のはたらきは現実には個々人の念仏、信として生きるのである。行も信も証のはたらきかけたすがたにほかならない。行も信もこの証から出ているのである。従って行・信成立の根拠はこの証にあるといわねばならない。証は行・信のいたりついた極楽無為涅槃界である。しかしそれは到りついた結果にとどまるのではなくして、行・信の出てくる根拠でもあるのである。

それで親鸞は

「それ真宗の教・行・信・証を案ずれば、如来の大悲回向の利益なり、故に若は因、若は果一事として阿弥陀如来の清浄願心の回向成就したまへる所に非ざること有ること無し。因浄なるが故に果また浄なり、知るべし。」（『真蹟集成』㈠・三四九頁）

と結んでいるのである。教・行・信・証はすべて如来の大悲回向のはたらきなのである。すべては一如よりあらわれた阿弥陀如来の願心の回向のはたらきによるのである。

親鸞は利他教化のはたらきを「証巻」の終りにおいて還相回向のはたらきとしてのべている。

(『講解教行信証』一一六三頁参照)

第八章　還相回向

一　還相回向とは何か

親鸞は

「謹んで浄土真宗を按ずるに、二種の廻向有り。一には往相、二には還相なり。」（『真蹟集成』㈠・一五頁）

といい、回向を中心にして往相の廻向と還相の廻向の二本柱をもって浄土真宗の骨組としている。それで上来往相の廻向についてのべたので、「証巻」の終りに還相の廻向についてのべようというのである。

還相廻向とは、往相の証に辿りついた後に、衆生済度のために再びこの娑婆にもどってきて救いの働きをはたらくことをいうのであって、これも廻向されたはたらきであるから還相廻向というのである。

親鸞は弥陀の四十八願中の第二十二願を還相廻向の願とよんだが、その内容から必至補処之願とも一生補処之願ともいわれている。

第二十二願とは

「設い我仏を得たらんに、他方仏土の諸の菩薩衆、我国に来生して、究竟じて必ず一生補処に至らん。その本願の自在の所化、衆生の為の故に弘誓の鎧をきて徳本を積累し、一切を度脱せしめ、諸仏の国に遊びて菩薩の行を修し、十方の諸仏如来を供養し、恆沙無量の衆生を開化して、無上正真之道を立せしめんをば除く。常倫に超出し、諸地之行現前し、普賢之徳を修習せん。若ししからずば正覚を取らじ。」

というのである。

極めて理解しにくい願であり、たいして目立たないようなこの願をどうして浄土真宗の骨核としたのであろうか。

この願に還相回向を読みとったのは『浄土論』であり、『往生（浄土）論註』であった。『浄土論』はこれを「出第五門」として理解した。それは大慈悲をもって一切苦悩の衆生を観察し、生死の苦しみに迷っている衆生を救わんがために、生死の園、煩悩の林の中にわけ入って、あたかも遊ぶが如く自由自在に衆生を教化したもうのである。このように浄土に往生した菩薩が利他教化のはたらきをすることができるのも、もとをたどれば弥陀の本願力の回向によるのである。このように浄土から迷界へ出る門であるから、これを出第五門といい、この門を薗林《おんりん》遊戯《ゆげじ》地門といっているのである。

『論註』も同じ趣旨のもとにこういっている。

「還相は彼の土に生じ已りて奢摩他・毗婆舎那・方便力成就することを得て、生死の稠林に回入して、一切衆生を教化して、共に仏道に向へしむるなり。もしは往、もしは還、みな衆生を抜いて生海死を渡せんがためなり。この故に回向を首として大悲心を成就することをえたまへるが故にとのたまえり。」（『真蹟集成』㈠・三五〇頁）

と。浄土に生じ已って、静かな心となり、明らかに観察し、種々に方便力を成就することを得て、生死の迷界の林の中に入り、一切衆生を教化して共に仏道に向かわしむることを還相というのである。従って往相も還相もみな衆生をして生死海を脱せしめんがためであって、回向を首として大悲心を成就したもうたのである。

ところで第二十二願文からどうしてこのような還相回向がその本願としてとりあげられてきたのか容易には理解し難い。

ここでもう一度第二十二願文を読んでみよう。

「設い我仏を得たらんに、他方仏土の諸の菩薩衆、我国に来生して、究竟じて必ず一生補処に至らん。その本願の自在の所化、衆生の為の故に弘誓の鎧をきて徳本を積累し、一切を度脱せしめ、諸仏の国に遊びて菩薩の行を修し、十方の諸仏如来を供養し、恆沙無量の衆生を開化して、無上正真之道を立せしめんをば除く。常倫に超出し、諸地之行現前し、普賢之徳を修習せん、若ししからずは正覚を取らじ。」

先輩によれば、親鸞はこれを前文と後文とに分けて理解したのだという。すなわち「たとい我仏を得たらんに、他方仏土の諸の菩薩衆、我国に来生して、究竟じて必ず一生補処に至らん」というのが前文である。ここで他方仏土の諸の菩薩衆というのは弥陀の浄土とは別な他の国の菩薩衆のことであって、ここでは浄土を願う十方の衆生を指している。それでこの文は、いま浄土願生する十方の衆生で浄土に往生するならば、究竟じて必ず一生補処に至ることを誓ったものである。一生補処の願とか必至補処の願といわれる所以である。一生補処というのは、その一生を終えると次には必ず仏の位を補って仏になるところから一生補処といわれているのであって、等覚の位をいうのである。

次に後文の「その本願の自在の所化、衆生の為の故に弘誓の鎧をきて徳本を積累し、一切を度脱せしめ、諸仏の国に遊びて菩薩の行を修し、十方の諸仏如来を供養し、恆沙無量の衆生を開化して、無上正真之道を立せしめんをば除く」というのは、浄土に往生したものが自在に衆生を教化したいと思うならば、心を堅固にして意志をかため、いろいろな善業を修め、功徳を積み、その上で無量の衆生を教化して無上正真道のさとりを得さしめるようにしよう。ここで「除く」という語は理解しにくい語であるが、前文は浄土往生者の一生補処を誓ったものであって、後文は還相回向を誓ったものと解したのである。従って「除く」というのは仏果にとどまらしめることを除くと解したのである。すなわち衆生済度を願う者は娑婆で衆生済度が出来るように一生補処の菩薩の位にとどまらしめることを誓ったものと解したのである。一生補処は還相のはたらきのためのものである。それで親鸞は還相回向に中心をおいて、還相回向の願と名付けたのである。「浄土和讃」にはここのところを

安楽無量ノ大菩薩ハ
一生補処《トコロ反コトワリ反》ニイタルナリ
コクラクニマイリナハミタノ一ノオムテシトナルコヽロナリ
普賢ノ徳ニ帰シテコソ
ワレラシユシヤウコクラクニマイリナハタイシタイヒヲオコシテ
十方ニイタリテシユシヤウヲリヤクスルナリ仏ノシコクノシヒヲ
フケントマフスナリ
穢国ニカナラス化《メクム反アワレム反オシフ反》スルナレ

と讃じている。普賢菩薩は一人格として等覚位の菩薩であり、理・定・行の象徴とされている。常に衆生の機縁に応じて如来の化導摂益のことを助成し宣揚するとせられる。それでここでは普

賢の徳とはこのような大悲利他の摂益のことをいっているのである。すなわち極楽にまいって弥陀の第一の弟子となった往生者についていっているのである。(『講解教行信証』三六五・一一九四頁以下参照)

ここに還相の構造が示されている。

還相のはたらきは涅槃から娑婆へ直接にはたらくのではない。涅槃と娑婆とは絶対否定をへだてている。その媒体となるものが一生補処といわれている位である。涅槃は一生補処を媒介して娑婆にはたらくのである。一生補処はその一生を経れば次には必ず涅槃に至るのである。それは妙覚の一歩手前の位として等覚といわれている。等覚の位は菩薩の位である。したがって人間的性格をもっている。この人間的性格を媒体として一切衆生にはたらきかけるのである。これを法性生身の菩薩とよんでいる。それは煩悩の習気《じっけ》(残り香)を残している菩薩である。この習気を媒介して衆生にはたらきかけるのである。親鸞は『論註』をひいてこれを詳細にのべているが、ともあれ煩悩の衆生に応ずるためには、この一生補処の位が必要なのである。還相のために弥陀の大悲は涅槃に安住することなく、一歩手前の位にとどまるのである。一切衆生を救わんがためにである。それは普賢菩薩と同じ救いのはたらきをはたらくのである。それで「普賢ノ徳ニ帰シテコソ、穢国ニカナラズ化スルナレ」と和讃されているのである。われわれは一生補処の位に住する限りなき大悲を心にしみて味わうことができるであろう。そして一生補処を媒体とするその具体性に注目する必要がある。絶対断絶は媒体をまって真に具体化しうるのである。

かくして一生補処は往相と還相の二つの場合においてみることができる。往相の場合には正定聚に住して等覚の位にあるかぎり、それは一生補処である。ところが浄土に往生して成仏したかぎり、そのまま涅槃に住することはできない。何故なら成仏することは利他のはたらきをはたらくことである。それは還相のはたらきをはたらくことであるからである。成仏は直ちにまた一生補処に住することでなければならない。これが還相の立場である。「浄土和讃」にいう

安楽浄土ニイタルヒト
五濁悪世ニカヘリテハ
釈迦牟尼仏ノコトクニテ
利益衆生ハキワモナシ

と。成仏するとは仏果を得たものが再び還相の立場に立って衆生を済度することである。それはあたかも釈迦如来が仏教を拡め、一切衆生救済のはたらきをした如く、五濁悪世に帰って一生補処に立たねばならない。それでわたくしは思う。親鸞にあっては、往相においては一生補処は等覚の位にあって正定聚としてあり、還相の立場においては同じく等覚の位にあって、法性生身と

して穢土の煩悩の衆生にはたらきかけるのである。

かつて久松真一博士は浄土真宗の妙好人についてのべ、「真宗の妙好人は往相の正定聚位であって還相位ではない。それは往相・還相というものが現生において成り立つということにならねばならない。……とにかく現生において還相位を得て、無的主体というものが現生において働くということになる。それが仏教の極地でありますし、またそれが仏教からみた人間の本当の在り方である。」（『久松真一著作集』(2)・三七七頁）とのべておられる。この主張は一応正しい。従来の一般の説に従って往相と還相とを単純に二つに分けておられるところにその批判の根柢がある。たしかに往相は浄土への方向であり、還相は浄土からの方向である。しかし浄土においては両方向は一致している。往相の到達点は還相の出発点である。しかもそれは現生においてそうなのである。すなわち一生補処は現生における到達点であり、それはまた還相の出発点でもあるのである。これについては詳細に「証巻」において論ぜられている。往相の正定聚位は未証浄心の菩薩（往相の菩薩）であるが、それについて次のようにいわれる。未証浄心の菩薩が安楽浄土に生じて阿弥陀仏を見るとき上地の菩薩と畢竟じて身等しく法等しと。身等しとは法性生身をうることであり、法等しとは寂滅平等の法をさとるということである。これが正定聚位の内容である。そこでは身は穢土にありながら、上地の菩薩と等しく法性生身を得ているのである。上地の菩薩は無生法忍を得て煩悩を断じたけれどもまだ煩悩の習気が残っている。これを縁としてこの世に化生したものを法性生身といい、この法性生身によって一切衆生を教化するのである。すなわち正定聚位の菩薩は一生補処にあるものとして、往相位においては正定聚であるが、それはまた還相の出発点でもあるのである。法性生身として機に応じて一切衆生を教化するのである。一生補処とは現生においては往相の到達点であり、また還相の出発点でもあるのである。

願作仏心即是度衆生心といわれる。仏に成ろうとする心はとりも直さず衆生を救うという心でなければならない。仏とは衆生を救う働きをいうのである。それ故に願作仏心はそのまま度衆生心でなければならない。一生補処の位は願作仏心の位であり、それはまた度衆生心の位でもあるのである。それで往相の正定聚の菩薩は往相の菩薩でもあればまた還相位の菩薩でもあるのである。具体的には往相の正定聚位にある妙好人とよばれる人の一挙手一投足はそのまま教化のはたらきとして現実に衆生にはたらいていることは妙好人伝の物語っているところである。還相の園林遊戯地門は妙好人において如実に示されていよう。親鸞が師法然を還相の菩薩として仰いだ時も同様である。親鸞は七祖をすべて往相の菩薩としてみると同時に還相の菩薩として仰いだのである。

久松先生は、「浄土真宗も新しい形態に脱皮しなければならない。それには往相・還相というものが現生において成り立つということにならなければならない。」といわれるが、以上のべたように親鸞においてそうなっているのである。

二　還相回向の活動とその根柢

いま上に還相回向の出発点が一生補処にあることをのべ、それがまた現生正定聚でもあることをのべたが、それならば還相菩薩のはたらきとはどのようなものであろうか。そこには四種の正修行功徳が成就しているという。その四種とはいかなるものであるかといえば、一、不動而至、二、一念徧至、三、無余供讃、四、徧示三宝の四種である。次に略説してみよう。

一、不動而至の働きというのは、一仏土において身動揺せずして十方に徧す、十方に応化して実の如く修行して仏事を作す、といわれている。安楽浄土に身はあって、身体を動かさずして十方に応化して十方世界いたらぬくまなく至りとどくのである。そしてその対象に応じていろいろに応化して諸仏に供養し、衆生を教化するのである。

二、一念徧至とは不動而至が空間的に十方に至るのに対して、一念徧至は時間的に前後なしに徧して、十方に至るのである。一念徧至は一念一時に徧く至るのであって、時間的に前後がないのである。このように空間的にも時間的にも十方一切に徧するはたらきをするのが菩薩のはたらきである。

三、無余供讃とは、菩薩の応化身は一切世界に徧し至って、一つといえども余すところなくすべての諸仏の会座を照らし教化したまうのである。その会座に参会する大衆をひとり残さず教化したまうのである。
四、偏示三宝とは、十方世界のうちで仏の教や教団のないところにそれらの大きな功徳をしっかりと守り伝えて、一切衆生をして教どおりに修行し信心を得さしめるようにしようというのである。上の三句もこの第四句があることによって真に具体的に生きるのである。
以上の四種のはたらきこそが還相の現実におけるはたらきなのである。この四種のはたらきはその体はすべて真如の一如に帰するのである。一如は無限無量にはたらくのであるが、この無限無量のはたらきを四つにわけてのべたもので、この四つはすべて一如に統一されているのである。ここに還相のはたらきの根柢があるのである。（『講解教行信証』「還相成立の根柢」一二〇九頁参照）
いま浄土の往生人は浄土へ往生して、一生補処の位になって菩薩の四種のはたらきをはたらくが、それは一如を根柢としてそこから生まれたものであることをのべたが、それはどのようにしてなされるのであるか。
いうまでもなく浄土は阿弥陀如来の四十八願の清浄な願心によって出来上ったのである。如来の願心を原因としてその結果、浄土も往相も還相もすべてのはたらきが形成されてきたのである。これが「浄入願心」といわれている。ここで浄土もそのすべてのはたらきも、それを形成したものは阿弥陀如来の願心であって、願心が原因で浄土やそのはたらきは結果である。しかしそれを成立せしめる根柢となっているものは真如である。真如は浄土やそのはたらきの根柢となっているのである。ここで浄土の形成と浄土の成立とを区別して考えねばならない。浄土も往相も還相もそのはたらきも如来の願心を原因として形成されたものである。これが「浄入願心」で、その関係は原因―結果の関係である。しかし浄土は如来が勝手に作り出したものではない。如来は真如を根本として、真如の真実を根柢として、この真如の認識から、浄土を形成したのである。それで浄土の根柢は真如であり、これを根拠として如来は浄土を建立したのである。真如と浄土の関係は根拠―結果（Grund—Folge）の関係であり、願心と浄土の関係は願心を原因として浄土がその結果形成されたもので原因―結果（Ursache—Wirkung）の関係である。それで親鸞はこの原因・結果の関係を「浄入願心」とよび、真如と浄土（はたらき一切を含めて）の関係を「広略相入」とよんでその成立の構造を明らかにしている（『講解教行信証』一二三三頁以下参照）。

三　広略相入

浄土は国土の荘厳と如来の荘厳と菩薩の荘厳との三種のはたらきをもっているが、この三種の荘厳（はたらき）を「広」とよび、「一法句」を「略」として、この広と略とが互に相入するというのである。一法句とは絶対唯一の真如法性という語で、絶対唯一の真如法性そのものをいうのである。浄土には二十九種の荘厳（はたらき）があるが、この二十九種のはたらきそのものはすべて一法句のうちに収まるのである。何故ならもともと二十九種のはたらきというのは、法蔵菩薩の願心とその修行の結果として生み出されたものである。すなわち一切は空無我であるという真如法性の理をさとり、その絶対空そのものから二十九種のはたらきを生み出したのである。従って願心から荘厳された二十九種のはたらきはもとへもどせば一法句の真如におさまるのである。それだから二十九種のはたらきは単なる空想的な願望ではない。差別のままが絶対空であるという差別即平等、平等即差別の理をさとった心から生み出されたものである。二十九種の多は即一であり、一法句の一は即多である。そこで二十九のはたらきの広は一法句の略に収まってしまうのであり、一法句の略はひろがれば二十九種のはたらきになるのである。この広略相入を原理として浄土が建立されているのである。

この広略相入は原理的構造であって、それが現実に生きてはたらくためには、これをはたらかす原動力ともなるべきものがなければならない。その原動力となるものが諸仏菩薩に具わっている二種の法身である。二種の法身というのは法性法身と方便法身とである。この二つの法身は異なっているが全然別個のものではない、しかしまた全く同じものでもない。法性法身から方便法身が生まれるのである。そして方便法身によって法性法身は具体的に活動するのである。両法身は不一不異の関係であり、この不一不異の関係によって広略相入が生きて働くことができるのである。具体的には方便法身として生きて働くことによって広略相入が現実に実現するのである。法性法身とはもともとあるところの真如法性そのものである。法身とは法性の全体を身としてあらわしたものをいうのである。法性はそのまま法身である。『唯信鈔文意』には詳しく次のようにのべられている。

「法性すなわち法身なり。法身はいろもなし、かたちもましまさず。しかればこゝろもおよばれずことばもたえたり。この一如よりかたちをあらわして、方便法身とまふす御すがたをしめして、法蔵比丘となのりたまひて、不可思議の大誓願をおこしてあらわれたまふ御かたちおば、世親菩薩は尽十方无导光如来となづけたてまつりたまへり。この如来を報身とまふす、誓願の業因にむくひたまへるゆへに報身如来とまふすなり。報とまふすはたねにむくひたるなり。この報身より応化等の无量无数の身をあらはして、微塵世界に无导の智慧光をはなたしめたまふゆへに尽十方无导光仏とまふすひかりにて、かたちもましまさず、いろもましまさず、无明のやみをはらひ悪業にさえられず、このゆへに无导光とまふすなり。无导はさわりなしとまふす。しかれば阿弥陀仏は光明なり、光明は智慧のかたちなりとしるべし。」

(『真蹟集成』(八)・三一一頁)

法性法身はいろもなく、形もなく、表現を絶した絶対の無である、絶対の空である。これがかたちをあらわし、方便法身として衆生にはたらきかけるのである。それが法蔵菩薩である。その法蔵菩薩が願行成就して尽十方無㝵光如来となったのである。ここで「无㝵光仏とまふすひかりにて、かたちもましまさず、いろもましまさず」といっているのは、無㝵光仏が光明といっても肉眼等の感覚器官によってとらえられるような光明ではないということであって、法性法身の絶対空とはその性格を異にして智慧のかたちをとり、光明としてあらわれているのである。阿弥陀仏は方便法身としてそのすがたを示しているのである。方便法身は光明としてそのすがたを示しているのである。それは法性法身が自己限定して光明として顕現したのである。法性法身は自己限定して方便法身として具体化して応化等のはたらきをして衆生にはたらきかけるのである。このところを「方便法身によりて法性法身を出す」といっているのである。法性法身は無媒介的には個々の衆生にはたらきえないのである。個々の衆生に対しては個として、弥陀一仏となってはたらきかけるのである。阿弥陀仏とは光明としての個的存在である。弥陀の本願は個として個々の衆生にはたらきかけるのである。それ故に親鸞は「弥陀の五劫思惟の願をよくよく案ずればひとへに親鸞一人がためなりけり」(『歎異抄』後序)としてうけとったのである。尽十方無㝵光如来は個として応化身を示して、いろいろな手だてをとって私にはたらきかけるのである。

もう一度ここのところをみてみよう。

「一つには法性法身、二つには方便法身なり。法性法身によつて方便法身を生ず、方便法身によって法性法身を出す。この二の法身は異にして分つべからず。一にして同じかるべからず。この故に広略相入して統ぬるに法の名をもつてす。」

法性法身から方便法身が生ずといい、方便法身によって法性法身を出すといっている。前者は生ずといい、後者は出すという。もともとなかった方便法身が法性法身から生ずるのである。それに対してもともとあった法性法身が方便法身によってすがたをあらわすのである。従って逆に方便法身が法性法身を生ずるなどとはいわれない。この両者の関係構造ははっきりと理解しなければならない。法性法身のみを重視して方便法身を軽視すれば、具体性を欠いたものになる。一般に聖道門にはこの傾向がみられる。個々の応化身のはたらきがともすれば無視され、個別的具体性がなくなり、一切衆生をもらさず救うということが原理的には可能であっても、具体化しない。これに対して方便法身のみを重視して法性法身を軽視すると、浄土教の一部にみられる如き阿弥陀仏一仏主義におちいり、原理的な面が欠けるうらみがある。方便法身中心主義になる。そこからして方便法身だから真実ではないというとんでもない誤解をまねいたりするのである。

ここの文は浄土真宗の成立構造を示したものとして重要なところと思うのであるが、従来整理してのべられたものが少ないように思うので一応整理してその構造を明らかにしておきたいと思う。

ここでは一、願心荘厳と二、広略相入と三、法性法身と方便法身の不一不異の三つのことがらが語られている。

願心荘厳は浄土形成について語ったものである。浄土が法蔵の願心によって形成されたものであることを明らかにしたものである。それに対して広略相入は浄土の成立の論理的根拠を明らかにしたものである。前者は願心を原因（Ursache）としてその結果（Wirkung）として浄土が形成されたことをのべたものであり、広略相入は浄土が一法句を根拠として、土台（Grund）としてその結果（Folge）その上に浄土の荘厳が成立していることを示したものである。前者は形成の構造を示したものであり、後者は成立の構成を明らかにしたものである。この形成と成立根拠とは明確に区別されねばならない。ところが従来この点が曖昧になっている。例えば山辺習学・赤沼智善の『教行信証講義』（一〇六四頁）によれば、浄土の荘厳は二種の因をもっている。一は正因、二は依因である。正因は本願力である。依因はその素材である浄土が依ってもって立っているところの真如法性である。例えば彫刻師が大理石を用いて仏像を刻むのにその彫刻師の美的構想力は正因であり、その材料たる大理石は依因である。そして完成した三種荘厳は仏像である。この二因のうち主要なものは正因である。浄入願心とは即ちこの正因を明かすのである。次の一法句の文は依因を明かしたものであると解されている。一応巧みな解釈のようであるが、誤解であろう。もともと真如は依因などではない。大理石の喩であれば木片でも依因といえよう。しかし真如でなければ仏像は成立しないのである。大体ここの文は正因、依因によって解釈されるべきものではないのである。成立根拠の構造（広略相入）を土台として、これを法蔵が洞察して形成の構造（浄入願心）によって浄土を形成したのである。

この点金子大榮もその『教行信証講読』「証巻」において、如来の願心が衆生を大悲しつつ一如法界を憶念する。それ故に願心は種々の荘厳を生ずるが、それはことごとく一如の法性へと寂滅するのであるという。この点はこれでよいとして、種々の荘厳功徳が一如法性へと寂滅する所以は、その荘厳功徳の願心成就なることを意味するものであると解している。先生によれば、三種荘厳が一如に寂滅するのは願心のはたらきであり、また一如をして三種荘厳たらしめるものも願心であるという。形成の立場からはそういえるであろう。しかし形成せしめるものは広略相入という成立構造があるからであり、これを実現せしめるものは一如であり、その法性法身と方便法身の不一不異という構造によってである。この構造を土台として願心が荘厳したのである。ところが金子先生では三種荘厳は願心を土台として、願心を成立根拠として成立しているように解されている。この点が明瞭ではない（詳細は『講解教行信証』一二四三頁以下参照）。

このようにして願心を正因とし、一如を依因としてあたかも願心によって荘厳が成立するような考え方や、願心を中心において広略相入や二種法身を考える考え方は真宗を阿弥陀一仏中心主義に考えることから生じた誤解であろう。かくいってもわたくしは真宗の阿弥陀一仏中心主義を否定するどころか、これを正しいと考えるものである。しかしそれだからといって阿弥陀仏が究極の土台であるというのではない。阿弥陀仏は真宗の中心であっても、究極の土台は一如の法性法身である。方便法身はそれから生れたものである。広略相入はこの両法身の関係構造である。この関係構造を認識してこれに基いて浄土が荘厳されたのである。それが浄入願心である。広略相入は浄土成立の構造であり、浄入願心は浄土形成の構造である。この点が明瞭にされていないためにいろいろな誤解を生んだのである。弥陀一仏中心主義は浄入願心のところでいわれるべきことなのである。方便法身のところでいわれうることである。実相身と為物身とに分けていうならば、為物身のところで弥陀一仏中心主義ということがいわれうるのである。これらのことを明らかにするならば種々の誤解は解消するであろう。

重ねていう。浄土の荘厳は苦悩にあえぐ我々を救うために形成されたものである。我々に応じて法蔵が形成したものである。しかしそれは法蔵の恣意的願望ではない。それは確固たる根拠に立っており、真実に基いて形成されているのである。すなわち浄土の往生人はそのまま一如に寂滅するという確固たる真実の確認によって形成されたのである。

四　一法句とは何か

いま一法句を根柢として、広略相入のはたらきがはたらいて、そこに浄土が一切衆生を救うというはたらきがなされるのであるが、この根柢をなす一法句とはどのようなものなのか。

曇鸞の句を引いて次のようにいっている。

「一法句とは、謂く清浄句なり。清浄句とは、謂く真実智慧无為法身なるが故にとのたまえり。この三句は展転して相入る。」(『真蹟集成』㈠・三六六頁)

一法句はまず清浄であり、それはまた真実智慧無為法身であって、この三者は互に相入るというはたらきをなすものであるという。ここで一法句と清浄句と真実智慧無為法身の三者が示されているが、つまりこの三者は同一の本体であって、一法句即清浄句即真実智慧無為法身である。一法句を法というのはそれが清浄であるからであり、何故に清浄かといえばそれが真実智慧無為法身であるからという。では一番土台である真実智慧無為法身とはどのようなものなのであろうか。

まず真実智慧というのはもののほんとうを知った智慧がほんとうの智慧である。ところがもののほんとうのすがた(実相)は無相であって相がない。相がないというのは限定することができないということである。もののほんとうのすがたは限定を絶した無限定である。真如実相はこのように全くの無限定なのである。従って相というものをとりえないものであるから人はこれを限定して知ることはできない。限定して知りえないとすれば、知るはたらきなくして知るという知り方、すなわち無智という知り方でなければならない。いまこのことについて少したちいって考えてみよう。いまわれわれがものの本当を知ろうとするならば、知る方に何らかの立場があってはならない。何らかの立場からものをみるならば、見る立場に限定されてもののほんとうのすがたをみることができない。だからもののほんとうは無立場の立場とでもいうべきものによらねばならない。ある立場に立ってものをみればものの全面的なすがたはみることができない。従ってもののありのままをみようとすれば、そのようなみる立場をすてた無立場の立場に立ち、みるものなくしてみるというみかたでなければならない。このようにものの真実を知ろうと思えば、無心の立場、虚心の立場、知るものもなく、知るはたらきなくして知るという知り方、すなわち無知の立場、無知のはたらきでなければならない。無知こそがほんとうのもののみかたであり、真実智慧といわねばならない。それで

「真実の智慧は実相の智慧なり。実相は无相なるが故に、真知は无知なり。」（同上・三六七頁）

といわれるのである。次に無為法身とはいかなるものであろうか。次のように説明されている。

「无為法身は法性身なり。法性寂滅なるが故に法身は无相なり。」（同上）

無為というのは何ら為すことがないということである。何らはたらくことなくそのままであるのを無為というのである。法身というのは法そのものの身ということで、法そのものは何らはたらくことがないから無為法身というのである。法性身というのは、あらゆるものの根本の性のことを法性身というのである。ものの本性は何らはたらくことなく無為である。法性は湛然寂静として、一切が滅して静である。それを寂滅というのである。ものの本性は寂滅として動かない。

動かないからそこにとるべき相というものはないのである。湛然として動かない水は波一つなく、そのままで相というものはない、一切が寂滅そのものであってとるべき相というものはないのである。ところで次にまた説明されている。

「无相の故によく相ならざることなし。この故に相好荘厳即ち法身なり。」(同上)

法性は寂滅である。静かなる水に相はない、しかしその水も千波万波、千変万化いろいろな相をとりうるのである。無相なるが故に自由自在にいかなる相をもとりうるのである。それ故に逆にまたあらゆる相はいろいろなすがたをとっていても、もともと水そのもの、同一の法性身なのである。

このことはまた無知についてもいいうる。それで次に

「无知の故によく知らざることなし。この故に一切種智即ち真実の智慧なり。」

といわれるのである。無知は無知なるが故に知る立場というものがないのであるから、そのままものの源底にいたって、ものをあるがままに知ることができ、ものの真実をそのままに知ることができるのである。また無知なるが故に一切に徧し、いたるところに徧して知らざるところがないのである。知るものなく、知る立場なくして知る知はあたかも無限に周辺のない鏡に等しい。周辺なき無の鏡は全体にわたってあますところなく映し出すのであり、いたるところ映さざるところがないのである。あらゆるものはそのままそこに映し出されるのである。一切種智とは一切

の個別的なものをその特殊な相のまま個別的に知る智慧のことをいうのである。いま周辺なき無の鏡は一切の差別の相をそのままに知るのである。このようにして無知の一切種智は無知なるが故に知らざることなく、無知なるが故にものの真実をその源底にいたり知ることができるのである。それで「一切種智は真実の智慧なり」といわれるのである。

ではそれ等の智慧をどうして真実とよぶことができるかといえば次の理由によってである。

「真実をもつてして智慧になづくることは智慧は作に非ず、非作に非ざることをもつてなり」と。(同上)

無知の智を何故に真実とよぶかといえば、この知は知るはたらきのない知、もののありのままをそのままにうつす知だからである。しかしそれならば全然知らないのかといえば、そうではない、やはり知るはたらきをはたらいているのである。真実をそのままに知るのである。なんらかの作意があれば、ものの真実はそのままに知ることはできない。絶対平静の心で知るとき、真実はあたかも一点の曇りなき鏡のごとくありのままをありのままに知ることができるであろう。無知は非作の作とでもいうべきものである。それでこの非作の作の無知によって知られたものを真実とよぶのである。次に無為法身についても同様のことがいわれる。

「无為をもつてして法身を樹つることは、法身は色にあらず、非色に非ざることを明すなり。」(同上)

無為法身というように無為をもって法身をよぶことは、この法身はもともとすがた形をもったものではない。色とはすがた形をもった「もの」、物質のごときものをいうのである。もともと無為法身は姿、形をもった「もの」ではない。しかしそれならば何もないものかといえば、そうではない、それは何らかのはたらきをはたらくものである。無為法身とは、このように為すことなくしてしかもものはたらきをはたらいているものをいうのである。無為法身は本来、絶対空であるが、しかし何もない空しいものであるかといえば、そうではなくして充実してはたらくのである。充実した空であるともいうことができるであろう。

いま「法身は色に非ず、非色に非ず」といったが、この否定の「非」について更に論理的にこれを解明している。しばらくその説明を聞いてみよう。

「非に非ざれば、あに非のよく是なるに非ざらんや。けだし非なき、これを是といふなり。おのずから是にして、また是に非ざることを待つことなきなり。是に非ず、非に非ず、百非の喩へざるところなり。」(同上)

一寸みるとややこしくて解し難いが、いま一つ一つ分析して解明してゆこう。初めに「法身は色に非ず、非色に非ず」といったが、この「非色に非ず」というと、この非を非したようであるが、論理的にみれば「非を非した」ばあい、否定を更に否定したのだから、これは肯定したことになり「是」といわねばならない。しかしこのような否定の否定は是というような是ではないのである。このことを「あに非のよく是なるに非ざらんや」といっているのである。「けだし非無き、これを是という」」、否定することをなくしてしまったのを「是」といっているのである。ここで是といっているのは、普通は「否定を否定した肯定」を是といっているが、このように同次元の是ではなくして、同次元の否定をのりこえて否定して、もう一つ高次元に立った肯定である。同次元の非をなくしてしまったような高次元の非であって、このような次元に立てば、それは「おのずから是にしてまた是に非ざることを待つことなきなり。」高次元の是に立てば、そこでは自然に是であって、それは絶対肯定である。それは高次元の是であって、是非を絶した是である。おのずから然らしめる是である。自然法爾の是である。それで「おのずから是にして、是に非ざることを待つことなきなり」といわれるのである。是非を絶した絶対是である。それだからこれを「是に非ず、非に非ず、百非の喩へざるところなり」といっているのである。是非を絶したものであるから、たとえ百度否定をくりかえしても、そのものの自然法爾のすがたを示すことができないのである。自然（おのずから然らしめる）そのものであり、法爾（そのまま然らしめる）そのものである。次に

「この故に清浄句と言へり。清浄句とは謂く真実の智慧無為法身なり。」（同上・三六八頁）

という。このように自然法爾は是非を絶したものであるから、一切の限定を絶したものである。一切の限定を絶したものは純粋に無垢である。このような純粋無垢なものこそほんとうに清浄と

いうことができるであろう。そしてこのような清浄が真実の智慧無為法身というものである。

このようにして一法句は清浄句であり、真実の智慧無為法身である。この三者は真如というものがいかなるものであるかを示しているのである。この三者が生きてはたらいているのが真如であり、一口に一法句として示されているのである。一切のはたらきの土台は一法句である。法蔵の願行成就も、浄土の建立も浄土の荘厳の衆生済度のはたらきも、一法句、清浄句、真実智慧無為法身の即同一、三者の転展相入という生きた構造を土台として、その上に成立しているのである。法蔵の五劫思惟とは浄土建立の根柢にある一法句の構造についての思惟であったのであり、その修行とはこの三者の生きてはたらくはたらきの実践にあったということができるであろう。一法句と清浄句と真実智慧無為法身は真如そのものの本質であり、真如とは三者が相互に融合して生きている活動体である。いまこの清浄がはたらいて一切衆生済度のはたらきをするのであるが、まず荘厳を生み出してくるのである。浄土の荘厳によって浄土に生まれるものは平等に清浄ならしめられるのである。さらに真如は真実の智慧として実相の智慧であり、また世俗の一切を知る一切種智である。かくしてそれは実相の立場に在りながら世俗を知り尽すのである。そして無為法身として、無相のまま世俗に応じて自由自在にその清浄のはたらきを現ずるのである。

五　善巧摂化

浄土に往生した菩薩は一法句の略と浄土の二十九種の荘厳の広略相入を知り、柔輭心《にゅうなんしん》という心になるのである。柔輭心とは広略相入を知ることによって、もののありのままをものに即してうつす心をいうのである。柔輭心は実相が真如平等であることを知り、また三界の衆生の虚妄の相を知るのである。三界に流転している衆生をみれば、菩薩の柔輭心は必然的に大悲をおこし、自ら三界にその身をおとして衆生済度のはたらきに出るのである。親鸞はこう和讃している。

願土ニイタレバスミヤカニ
無上涅槃ヲ証シテゾ
スナハチ大悲ヲオコスナリ
コレヲ回向トナヅケタリ（『真蹟集成』㈢・一六七頁）

浄土に往生すれば、そこに得られた一切の功徳を一切衆生に回向して、衆生をして浄土に往生せしめようというはたらきに出る、これが巧方便回向といわれているものである。

六　願作仏心即是度衆生心

浄土に往生するには無上菩提心をおこさねばならないといわれている。上求菩提、下化衆生の心が菩提心といわれているものである。それはまず利他的な衆生救済の願をおこし次に自利的な願、すなわち煩悩を断じ、仏の教を学び、仏道を証るという願で、このように利他を先にするのが大乗の菩提心といわれているものである。しかしこのような崇高な願を凡夫がおこしうるはずはない。凡夫のおこしうるものはせいぜい仏に成りたいという心だけである。曇鸞はこの仏に成りたいという心こそ利他的な衆生を救うという心にほかならないとして「願作仏心即是度衆生心」ということを主張したのである。仏とは一切の衆生を救うものをいうのである。だから仏に成ろうとすることは内実的には一切衆生を救おうとすることでなければならない。そこで「願作仏心即是度衆生心」ということがいわれたのである。親鸞はこう和讃している。

　　正法ノ時機《トキトシユジヤウトイフナリ》トオモヘドモ
　　底下ノ凡愚《ボムナウグソクノワレラナリトイフナリ》トナレルミハ

清浄真実ノコヽロナシ《シヤウジヤウノコヽロナシシンジチノコヽロナシトシルベシ》
発菩提心イカガセム（『真蹟集成』㊂・二八九頁）

煩悩具足の私に利他というような清浄真実の心がどうしておこるであろう。菩提心など到底おこりようはないのである。それでまた

自力聖道ノ菩提心
コヽロモコトバモオヨバレズ
常没流転ノ凡愚ハ
イカデカ発起セシムベキ《ボダイシムヲオコシカタシトナリ》（同上・二九〇頁）

だが菩提心がなければ成仏できないとすれば、いったい常没流転の凡夫はいかにしたらよいのであろうか。

浄土ノ大菩提心ハ《ヨロヅノシユジヤウヲホトケニナサムトオモフコヽロナリ》

願作仏心ヲス、メシム
タリキノボダイシムナリ、ゴクラクニムマレテホトケニナラムト子ガヘトス、メタマヘルコ、ロナリ
スナワチ願作仏心ヲ
ミダノヒグワンヲフカクシンジテホトケニナラムト子ガフコ、ロヲボダイシムトマフスナリ
度衆生心トナヅケタリ（同上・二九二頁）
ヨロツノウジヤウヲホトケニナサムトオモフコ、ロナリトシルベシ

浄土の菩提心は自力聖道の菩提心ではなくして、他力の菩提心であるというのである。それは凡夫の仏にならんと願う心よりほかにはない。この願作仏心も如来よりたまわった心なのである。仏に成ろうとする心さえも凡夫の心では生じがたいのである。たまたま私に仏に成ろうとする心がおこったとすれば、それは他力回向の願作仏心である。それを親鸞は浄土の菩提心とよんだのである。凡夫の願作仏心は往生したいという一心の信心よりほかにはありえない。それで親鸞は「弥陀の悲願を深く信じて仏にならんとねがふこゝろを菩提心とまふすなり」と左訓に解釈したのである。親鸞はこれを横超の菩提心とよんだ。

「横超とは、これ乃ち願力廻向の信楽、これを願作仏心といふ。願作仏心即ちこれ横の大菩提心なり。これを横超の金剛心と名づくるなり。」（『真蹟集成』㈠・二二四頁。『講解教行信証』七四八頁以下参照）

願作仏心は横超の大菩提心なのである。

和讃していう。

信心スナワチ一心ナリ
一心スナワチ金剛心
金剛心ハ菩提心
コノ心スナワチ他力ナリ

凡夫の願生心は凡夫の挙体的な一心である。それで

尽十方の無导光仏
一心ニ帰命スルヲコソ
天親論主ノミコトニハ
願作仏心トノベタマヘ（『真蹟集成』㊂・一六四頁）

凡夫の願生心のうちにある願作仏心は願力回向の願作仏心である。たとえ凡夫の願作仏心でもその内実は仏の大菩提心なのである。如来の度衆生心が私の上にはたらいて私の願作仏心となるのである。私の願作仏心は私の上にはたらいている如来の摂取不捨のはたらきである。そこでは

度衆生心はそのまま願作仏心としてはたらき、願作仏心は当体そのまま度衆生心である。このところを願作仏心即是度衆生心といっているのである。この願作仏心即是度衆生心は内実的本質的にそうであるだけでなく、現象的にも衆生の側において必然的に度衆生の願いとしてあらわれてくる。かの「世尊我れ一心に尽十方无㝵光如来に帰命したてまつる。安楽国に生ぜんと願ず」にはじまる「願生偈」は「普く諸の衆生と共に安楽国に往生せん」という句で結ばれている。龍樹の「十二礼」においても「南無して心を至し帰命して西方の阿弥陀仏を礼したてまつる」ではじまり「願わくは諸の衆生と共に安楽国に往生せん」という句をくりかえしている。曇鸞も「讃阿弥陀仏偈」において、十二礼に同じて同じ句をくりかえしている。「願わくは諸の衆生と共に安楽国に往生せん」という願は度衆生心の現実におけるあらわれであろう。従って度衆生心は単に法徳としてあるだけではなくして、現象的意識的にも衆生の願作仏心にともなって現れているのである。親鸞はこう和讃している。

度衆生心《タリキノボダイシムトマフスナリ》トイフコトハ
如来智願《ミダニヨライノヒグワンヲマフスナリ》ノ廻向ナリ
廻向ノ信楽《ミダノグワンリキヲフタゴコロナクシンズルヲイフナリ》ウルヒトハ

大般涅槃《ミダニヨライトヒトシクサトリヲウルヲマフスナリ》ヲサトルナリ

続いて

如来ノ廻向《ミダノホングワンヲワレラニアタヘタマヒタルヲエカウトマフスナリ、コレヲニヨライノエカウトマウスナリ》ニ帰入シテ

願作仏心ヲウルヒトハ

自力ノ廻向ステハテ、

利益有情《ヨロヅノシユジヤウヲウジヤウトハイフナリ》ハキワモナシ（『真蹟集成』㈢・二九三、二九四頁）

われわれが如来の回向に帰入して願作仏心をおこすとき、そこには如来の度衆生心と一味である。如来の度衆生心はわれわれをして度衆生的にはたらかしめるのである。「願わくは諸の衆生と共に安楽国に往生せん」というはたらきとしてあらわれるのである。それは巧方便回向としてあらわれる。

七　巧方便回向

巧方便回向とは自分だけの楽を求めないで、一切衆生の苦を抜かんとする願いである。一切衆生を摂取して共に安楽国に生ぜしめんとする願いである。これを菩薩の巧方便回向というのである。それは一切衆生の煩悩を焼き尽さねば成仏しないとの決意をもってはたらくのである。ところが一切衆生がいまだことごとく成仏しないのに自ら自然に成仏するのである。それはちょうど火ばさみをもって一切の草木を摘んで焼こうとすると、その草木のすべてが焼けないうちに火ばさみ自身が焼けてしまうようなものである。自分の身をあとにするつもりでいて、それが先になるようなものである。それでこれを方便と名づけているのである。一切衆生を摂取して共に安楽国に生じようとすれば、かの浄土は広略相入の浄土であるから往生すれば自然に成仏するのである。それで浄土は畢竟成仏の道路、無上の方便といわれるのである。「かの仏国は畢竟成仏の道路、無上の方便なり」の句こそ浄土門建立の根本理由である。

もともと成仏するには菩提の障りとなる三つのものを除くことが必要である。その第一は自身に貪著する心を除くということである。人間の煩悩の根本は何といっても我執である。この我執を除くためには智慧が必要である。智というのは仏の証りの道を進み後退しないようにするのが智である。仏道の根本は利他の衆生済度のはたらきである。自分本位になるのを防ぐのが智である。智は外のことに関して知る知である。慧というのは内へ向かってはたらく知である。一切は空であり、無我であることを体達するのが慧である。一切の存在は因縁によって生じたものであって、我という実体があるのではない。これが宇宙の根本真理である。この真実に徹するのが慧である。それで智とは世俗智のことであり、慧とは究極の根本真理を知る智であって根本智といわれている。いま宇宙の真実に徹して、空、無我を証《さと》ってみれば、自然に自身に執着する我執を離れることができるであろう。ひるがえって外へ向けば済度されるべき衆生がいる。何はおいてもこの迷える衆生を救わねばならない。そしてこの衆生済度のはたらきを具体化せしめるものが世俗智である。ここに利他済度のはたらきが生ずるのである。このようにして智と慧との二つのはたらきによって仏果の菩提のさとりへの障が除かれるのである。親鸞は還相のはたらきのおこる根本構造としてこれを語っているが、それは法蔵菩薩の救済の構造でもあり、一般に真実の救済の根本的原理構造である。「行巻」にのべられた大行の出てくる根拠はここにあるのである。その意味において「行巻」は「証巻」をふまえて、それを土台として理解することにおいて完璧なものとなることができるであろう。このようにして智慧が救済のはたらきの根柢となるのである。

第二には慈悲である。慈悲によって一切衆生の苦を抜いて安楽を得さしめるのである。慈悲の慈とは苦しみを抜くことであり、悲とは楽を与えることである。

第三は方便である。方便とは自愛の心を離れて衆生を中心にして衆生を憐む心を方便というのである。曇鸞は方便を次のように解説している。「正直を方という。己を外にするを便という。正直によるが故に一切衆生を憐愍する心を生ず。己を外にするが故に自身を供養し恭敬する心を遠離せり。」この句は古来曇鸞の方便の解釈として有名なものである。正直とはえこひいきのない平等のことをいうのである。「方」とは方正のことで、まっすぐなことである。菩薩は智慧によって真如平等をさとり、自他の差別なく、それがもともと同体であることを知るのである。凡夫は差別の見にとらわれ、怨親の情をいだいて争い迷うのである。いま平等の証の立場からこの迷える衆生を憐む心を生ずる。このようにありのままをまっすぐにみる智慧のはたらきが「方」である。「便」というのは「善く機宜に逗《とどまる》を便という」といわれている。それぞれの機のよろしきに随って、機に応じてはたらくのを「便」というのである。このことは機に応じて自分のことを度外視してはたらくことである。それを「己を外にするを便という」といっているのである。このように正直に真如平等の立場に立って智慧をはたらかして、迷える衆生を憐む心が自然におこり、己を度外視してはたらくから自分の利益を求める心をすて、自分を愛する心を離れるのである。これが「方便」である。世上一般にいわれているような「嘘も方便」の方便といかに異なっているかを十分に理解することができるであろう。真の方便は真実に基いた真実そのもののはたらきである。それは迷えるものを真実へ導くための必然的具体的なはたらきなのである。ここに一切衆生を菩提に到らしめる仕方、方法として智慧と慈悲と方便の三者が必要であることが説かれたのである。智慧と慈悲とによって必然的に一切衆生を救済するはたらきに出るのである。その実践の方法が方便である。方便によってはじめて慈悲を具体的に生かすことができるのである。

智慧と慈悲と方便とは必然的に菩提に順じたはたらきをしているのである。

その第一は無染清浄心である。無染とは汚れにそまないということで、汚れにそまない清浄な心、わが身に貪著しない清浄な心であって智慧と表裏の関係にあるものである。

第二は安清浄心といわれている。一切衆生を生死の苦から安穏にせしめるはたらきで、慈悲と表裏をなすものである。

第三は楽清浄心である。これは無上の楽を得せしめる清浄の心をいうのである。そのためには弥陀の浄土へ往生することが唯一の道である。一切衆生を安楽浄土へ生ぜしめる心こそ楽清浄心である。それでこの楽清浄心は方便と表裏の関係にあるものである。かの安楽の浄土は畢竟成仏の道路、無上の方便である。

かくして無染清浄心、安清浄心、楽清浄心の三つの心は菩提に随順した心である。この三つの心は智慧と慈悲と方便のはたらいた心である。これらのはたらきが現実にはたらくとき、自然にこの三つの心が生ずるのである。この智慧と慈悲と方便のはたらきは真如そのもののはたらいたものであるが、その関係はどのようなものであろうか。それについて次のように説明されている。

「般若とは如に達するの慧の名なり。方便とは権に通ずるの智の称なり。」（『真蹟集成』㈠・三八〇頁）

ここで智慧と慈悲と方便の三つが具体的には方便のはたらきとしてはたらくから、曇鸞は方便を三者を合した広い意味と三者を区別した狭い意味のふた通りにこの語を使っているが、ここでは般若に対して方便と広い意味に使っている。

般若とは真如実相に体達する慧に名づけたものである。従って一切存在の真実は空なりと観ずる智慧を般若というのである。権とは本質に対する現象のことで、方便とは現象界を知る智のことをいうのである。まず慧によって真如実相に体達すれば、心行寂滅である。心行とは知るはたらきであるが、いま真如は知らるるものなき如であるから、従って知るはたらきも寂滅してないのである。知るものも知らるるものもない絶対の空である。次に「権に通ずれば、すなわち備《つぶさ》に衆機に省《はぶ》くの智なり。備に応じて無知なり」という。方便の権智によって現象界をみれば、この智はつぶさにいろいろな機を省みて、それを知ることができる智である。それは現象界のそれぞれに応じた智であるが、それは本来は無知である。権《か》りに現象している智であって、本来空、無知である。般若において、真如に体達したところでは一切が空々寂々である。絶対静である。だがこの寂滅の空はそのまま宛然として森羅万象に応じて現象智である。そしてこの真如の空を知るのが慧であり、森羅万象さまざまな姿を知る智が智といわれているものである。前者は真諦智であり、後者は俗諦的である。もともと真如の空は宛然として有であり、森羅万象の有は炳然として空である。空即有、有即空である。般若の慧は空を観ずるが、空はそのまま有であるから、有を観ずる方便はおのずから具有されており、また方便は有を観ずるが、有はそのまま空であるから、方便はその内に空を観ずる慧を蔵していなければならない。般若の慧と方便の智とは相即しているのである。この相即のはたらきをもって、般若は方便を摂しているのであり、方便はまた般若を摂しているのである。それ故に「方便は備さに応じて無知であり、寂滅の慧はまた無知にして備さに省《はぶ》く」のである。それ故に「しかれば則ち智慧と方便と相縁じて動じ、相縁じて静なり。動、静を失せざることは智慧の功なり。静、動を廃せざることは方便の力なり」といわれているのである。般若の慧は寂滅の静である。方便は一切に応じてはたらく動である。静の慧と動の智と二智は不二であることにおいて真に生きた真実の智慧たりうるのである。このようにして方便の動はいつも絶対静の般若の慧においてあるから正しく方便としてのはたらきをはたらくことができるのであり、また般若の静が常に生きた般若としていついかなるところにおいても般若の役割をはたしうるのは即ちそれが絶対の動であるからである。

いまこれを救済ということについて考えてみよう。救済とは一切衆生を無上涅槃にいたらしめることである。いま般若の慧はそのまま方便智としてはたらき、迷える衆生をみて慈悲を生じて方便のはたらきによってそれぞれの機に救済のはたらきをはたらくのである。このように般若は涅槃の慧にとどまらないで常に涅槃に在りながら生死の世界に救済のはたらきをはたらくのである。それは方便のはたらきによってである。ここにおいて涅槃もまた真に涅槃として生きるのである。単に涅槃の空に沈んでいては涅槃は涅槃として生きていない。生きた涅槃として完成するのは衆生救済のはたらきをするからである。また方便もそれが真に方便のはたらきをするのは常に涅槃の慧に基いているからである。涅槃にあって涅槃に住せず、また汚濁の世界にあって汚濁に染まず、常に清浄に真実にはたらくのは、般若は方便を摂し、方便は般若を摂して互いに不二の関係にあるからである。真実の救済の構造はまさしく般若と方便との相摂するという関係構造においてあるのである。これは法蔵菩薩の救いのはたらきにおいても、還相菩薩のはたらきの構造においても変ることのない救済の構造である。

八　妙楽勝真心

いま智慧と慈悲と方便のはたらきは菩提を障うる心を遠離し、また菩提に順ずる心を得せしむるものである。それらは現実には一つの妙楽勝真心として結晶し具体化するのである。この妙楽勝真心は何よりもまず法蔵菩薩の願心の本質をなすものである。この妙楽勝真心から浄土は建立されたのである。浄土とは妙楽勝真心の国土化したものにほかならない。そしてまたこの妙楽勝真心は還相菩薩の心である。それで「智慧心・方便心・無障心・勝真心をもてよく清浄仏国土に生ぜしめたまえり」(『真蹟集成』㈠・三八三頁)といわれているのである。そしてこの心が生きてはたらくとき、それは衆生の願作仏心として生きるのである。かくして妙楽勝真心は衆生の一心として、金剛の真心として、願往生心としてはたらくのである。従って妙楽勝真心は他力金剛心の内実ということができるのである。他力信心が妙楽勝真心とは何とすばらしいではないか。大行もこの妙楽勝真心の結晶したものであり、南無阿弥陀仏とは妙楽勝真心の生きたはたらきである。かくして「行巻」も「信巻」もこの「証巻」を土台においてはじめて十分に理解されるということができよう。

いま救済の心のはたらきは智慧心・方便心・無障心・勝真心の四つの心のはたらきである。それで『入出二門偈頌』では

「無㝵光仏因地の時、この弘誓を発し、此の願を建てたまひき。菩薩已に智慧心を成じ、方便心・無障心を成じ、妙楽勝真心を成就して、速かに無上道を成就することを得たまへり。」

(『全集』㈡・一一九頁)

といっている。いま一切衆生が信心によって往生するのは弥陀の不可思議の本願力のはたらきによってである。しかし不可思議ということは思議を絶したということであって、無論理、没論理

だというのではない。煩悩の凡夫が往生するのは智慧心・方便心・無障心・勝真心の四心のはたらきによって往生すべくして往生するのである。往生成仏する道理があって往生するのである。

いま四心をもって浄土に往生することができるが、この四心のはたらきは自然に身業・口業・意業にあらわれて五念門に随順したはたらきとなるのである。五念門とは礼拝門、讃嘆門、作願門、観察門、廻向門であって、浄土に往生するにはこの五つの門を通らねばならない。

五念門は行であるので、これを因の五念門といい、その結果を果の五念門といっている。まず近門である。それは二度と迷界に退かず仏の証りに近づく門ということである。第二は大会衆門といわれ、聖者の仲間入りをすることである。第三は宅門といわれ、寂静に住することである。第四は屋門といわれ、寂静の心にあって対象を観察することである。第五は薗林遊戯地門といわれ、証りの世界から迷の世界、煩悩の林にはいって、あたかも遊ぶが如く衆生を自在に教化するのである。

いま生死の薗、煩悩の林で神通に遊戯して教化するといったが、曇鸞はその遊戯のありさまを説明して、宗教的救済がいかなるものであるかを極めてユニークに示している。それによると遊戯に二つの意味があるという。一つは百獣の王の獅子が鹿をとらえるようなもので何らはばかることなく遊ぶが如くに自由にとらえるようなものである。第二義は「度無所度」の意味であるという。この度無所度は説明を要する。度無所度とは、度するに度するところなしということである。浄土の菩薩が衆生を度するのに、いくら済度しても済度するところがないというのである。これは一寸理解しにくい。自由に済度するというのならわかるが、済度するところがなくまた一衆生として滅度をうるものがないというのである。これはどういうことであろうか。それは次のように解明されている。いま菩薩が寂滅三昧に住して観察されると、衆生は畢竟空であって有るところがない。有とすべき何ものもない、衆生の相もなければ衆生の体もない、畢竟空である。畢竟空であるから無量の衆生を済度しながら、しかも一衆生として済度されて証をうるという者がないのである。実体としての衆生はないのである。それはあたかも影法師のようなもので、影法師をいくらとらえてもとらえるところはないのである。菩薩が衆生を済度するといっても、それは影法師であって本来は空である。そこにはもともと度されるべき衆生が無いのであるから、終日度していて、度するところがないのである。それは幻人が幻刀を振うて幻人を殺すようなものである。本来は殺される者もなく殺すものもない、一切皆空である。度するはたらきをする菩薩もなく、度されるべき衆生もない、そのままである。度すといえばそのままで度しているのであり、そのままで度されているのである。滅度をうるものもなく、滅度をうる必要もない。もし滅度といえば、そのままが滅度である。生死即涅槃であり、煩悩即菩提である。どうして生死を離脱する必要があろう。滅度を求める必要があろう。どうして煩悩を断ずる必要があろう。そのままでよいのである、度すといえば度することなくして度しているのであり、度して度することがないのである。度無所度である。無上涅槃の畢竟空の立場にあっては、まさに度無所度である。そしてこれこそが救済の根拠である。それで次に

「本願力というは大菩薩法身の中に於て常に三昧にましまして、而も種種の身、種種の神通、種種の説法を現ずることを示すこと、皆本願力より起れるを以てなり。譬へば、阿修羅の箏の鼓する者なしといへども、しかも音曲自然なるが如し。是を教化地の第五の功徳相と名づくとのたまへり。」(『真蹟集成』㈠・三八九頁)

という。

浄土の菩薩が法性法身の中に在って任運に何らなすところなくして自然にいろいろな身を現じ、いろいろな神通をはたらかせて、その相手に応じていろいろに説法して衆生を済度したもうのであるが、しかしこれらのはたらきもその原因はといえば、弥陀の大悲の本願力によって、本願力より生まれたものである。それは阿修羅の琴はそれを弾ずる者がないのに自然にその音曲を出すといわれているが、ちょうどそのようなものである。これを教化地の第五の功徳相というのである。すなわち因の五念門の廻向門の功徳で、果の薗林遊戯地門の功徳をいうのである。

ここで注意すべきことは、救済の根拠は無上涅槃の法性法身より生れたものであるが、それをひきおこした原因となるものは弥陀の本願力である。弥陀の本願力がなければ救済のはたらきはおこらないのである。本願力ははたらきの起こる原因である。その根拠は無上大涅槃である。こ

こで根拠と原因とを区別しておかねばならない。両者を混同してはここのところは理解できないであろう。

以上は「証巻」で還相回向についてのべられているところである。信のゆきついたところは単なる涅槃の証にとどまるものではなくして、証は還相回向において完成し終結するのである。そして還相のはたらきこそは救済のはたらきとして「行巻」に説かれた大行のはたらきと原理的には同じでなければならない。従って大行の原理はこの証から生まれたものといわねばならない。従ってこの「証巻」を根拠において「行巻」を見直すとき、「行巻」は原理的にも明らかになるであろう。そしてまた大信の根柢も証によっているのである。行も信も証より出て証に帰るのである。このことを心にとどめて行・信の巻も読むべきであろう。

第九章　真仏土について

一　真仏土

われわれは此土では仏の証りをひらくことができないから、弥陀の本願力によって信をえせしめられ、浄土に往生して、浄土において無上大涅槃のさとりをひらかしめられるのである。ではどうして浄土に往生しさえすれば自然に仏のさとりをひらくことができるのか。ここに真仏土が説かれねばならない必然性があったのである。

では真仏土とは如何なるものなのか。親鸞は「真仏土巻」の劈頭に真仏土を定義づけた。

「謹んで真仏土を按ずれば、仏は不可思議光如来なり、土はまたこれ無量光明土なり。」と。

真仏土にはその主たる仏がいます。その仏はわれわれの思い考えることのできない不可思議な光明の如来である。そしてその土もはかり知ることのできない光明だというのである。この光明の土は法蔵菩薩の誓願が成就してそれに報いて出来上った報土である。なかでも第十二願の光明無量の願と第十三願の寿命無量の願によって出来上った報仏・報土である。親鸞は極楽とか浄土とかいう言葉をあまり使わずに真仏土という語を使っているが、多くのまやかしの宗教がその対象を情緒的感覚的なものに訴えているのに対して、真実の土であることを示さんとの意図があったのではなかろうか。『一念多念文意』には「この如来は光明なり、光明は智慧なり。智慧はひかりのかたちなり、智慧はまたかたちなければ不可思議光仏とまふすなり」といい、光明を智慧としている。不可思議とは思議を絶したということであるが、その不可思議は単に凡夫の思議できないということではない。親鸞の真蹟として伝えられている『善導和尚言』という短文の中には不可思議を説明して次のようにいっている。

「不可思議とまふすは、仏の御ちかひ、大慈大悲のふかきことを、こころのおよばずとまふすことばなり。こころおよばずといふことは、凡夫のこころおよばずとまふすことにはあらず、弥勒菩薩のおむこころおよばずとなり。仏、仏とのみぞしろしめすべきなり、それをふかしぎとはまふすなり。」（『全集』㈣・二三頁）と。

凡夫からみて不可思議というのではなくて、凡夫からは不可思議ともいえない絶対の不可思議で、仏と仏とのみが知ろしめすものとして不可思議なのである。絶対の非合理そのものである。しかしそれは仏と仏とのみしろしめすものとして、仏の合理性の世界、智慧の世界である。絶対合理性の世界である、絶対真実そのものの世界である。それは一切にあまねく光明として不可思議光如来といわれるのである。

仏も光明であり、土も光明である。光明としてそこでは身土不二である。光明そのものである。光明は真の仏ならびに真仏土の本質であり、内実である。浄土に往生すれば自然に成仏するのは、この光明のはたらきによるのである。光明は横には十方に拡がって無辺であり、竪には過去・現在・未来にわたって無限、無量である。それで法然は

「光明無量の願は横に一切衆生を広く摂取せんがためなり、寿命無量の願は竪に十方世界を尽く利益せんが為なり。」（『和語灯録』一の五）

といっているのである。救済の根元として光明無量、寿命無量である。『末灯鈔』には

「真実信心の行者の心、報土にいたり候ひなば、寿明無量を体として、光明無量の徳用をはなれたまわざれば、如来の心光に一味なり。」（『真蹟集成』㈣・四一三頁）

とのべられている。体用はここに渾然一如にはたらくのである。いま願についてみれば、光明無量、寿命無量の願は救済の根元の確立のための願であり、この願によって確立された真仏、真仏土こそは大悲の本であり、大悲のはたらきはここから湧き出るのである。それ故に「光明・寿命の誓願ヲ大悲ノ本トシタマヘリ」（『正像末法和讃』『全集』㈡・一六七頁）と和讃されるのである。親鸞はまた第十七願をも「大悲の願」（『行巻』『真蹟集成』㈠・二五頁）とよび、第十九願、第二十願をも悲願とよんでいる。かくして第十二願、第十三願は大悲の本を成立せしめる願であり、第十七願は大悲のはたらきの願であり、第十九願、第二十願は王本願たる第十八願へ到らしめるため

の必然的な方便の願として悲願なのである。第十七願の行は第十九願、第二十願の方便を経て、第十八願において具体化されてその目的をなしとげるのである。そしてその完成の願が第十一願であり、それは第二十二願の還相回向を含んで具体的に完成されるのである。このようにみるとき、真仏・真仏土が教行信証の大悲のはたらきの根本をなすものであることを知ることができるであろう。

仏は無量寿仏であり、不可思議光仏であるが、そのはたらきから十二に分けて、無量光仏、無辺光仏、無㝵光仏、無対光仏、炎王光仏、清浄光仏、歓喜光仏、智慧光仏、不断光仏、難思光仏、無称光仏、超日月光仏と名づけられている。

阿弥陀仏は光明である。しかしそれは相対的な光明とは次元を異にした絶対的な光明である。その光明は地獄の底まで照らし、虫けらにいたるまでこの光明を見ないものはなく、これを見るものはみな解脱するという。うじ虫には意識はない、でもそれはそのまま弥陀の摂取の光明界裡にあるのである。慈光は生きとし生けるものすべてにそそがれている。空の鳥、野の花にも光は満ちあふれている。阿弥陀仏の光明をみるとは、この阿弥陀仏の光明に抱き包まれていることをこの体で知ることである。私は現に摂取の光明裡にあるのである。しかしわれわれは現にこの娑婆世界に在る。その限り煩悩の繋縛をのがれることはできない、光明に抱かれていることを知りつつも肉体のあるかぎり苦をのがれることはできない。にも拘らず苦しみの中にありながらわれわれは安らかである。それは満ちあふれる光明をこの目でみるよりもはっきりと見ているからである。やがて肉体の死後、その苦は自然に消滅するからである。やがて阿弥陀仏の報土において一如平等に帰するのである。寂滅為楽である。

二　真仏土の本質

では真仏土とはどのようなものなのであろうか。親鸞は『涅槃経』から十三文を引いてその本質を明らかにしようとしている。

まず解脱である。解脱とはいかなるものであろうか。解脱とは煩悩を脱却することであるが、解脱は一切の有無を脱却した世界であるから「虚無」といわれるのである。解脱は絶対無、絶対空、虚空そのものとして一如である。虚無とはからっぽというのではない。一切の有無を絶して、しかも有無を含んで一如たらしめているものこそ真の充実した虚無である。この充実した虚無は、生きた虚無として現実にはたらくとき、それを如来というのである。如来とは如より来生したものということであって、一如の性が全体的にそのまま現実にはたらいたのが如来である。はたらきといっても何か動くというのではなく、そのまま働いているのであって、非作の所作といわれるのである。阿弥陀如来の光明をみるとはこの非作の所作にはたらかれて光明に一如になることをいうのである。そしてそれが涅槃である。

解脱の世界には愛憎とか信疑というものはない。愛憎信疑は相対的世界のことである。真解脱の世界は無愛無疑の世界である。かくして涅槃とは仏の本性そのものとして仏性といわれるのである。仏は真如より生まれたものであり、真如に帰するものである。それ故に真如は仏の本性すなわち仏性である。真如は如来の本性であると共に仏法の本質核であり、救済の根拠である。

真仏土の本質を明らかにするのに、浄土三部経によらないで、聖道門の教典である涅槃経をもってすることは一見奇妙にも思えるが、これについてすでにのべたごとく『六要鈔』は

「聖道所依の経なりといへども、如来の教法元より無二なるが故に、二門（聖道門・浄土門）異なりといへども、和会すれば違することなし。集主（親鸞）の御意深くこの義に達して、明らかに弥陀の名義功徳全く無上の極理たることを了する。この義をもつての故に真仏土極談の己証を明すとして、ことさらに涅槃の妙文を引用せらる。」（『真聖全』㈡・三五〇頁。括弧内筆者註）

といっている。親鸞の深旨をくみとった理解というべきであろう。親鸞は『唯信鈔文意』にも浄土を極楽無為涅槃界として同趣旨の解明をなしている。

「極楽無為涅槃界といふは、極楽とまふすはかの安楽浄土なり、よろづのたのしみつねにし

て、くるしみまじわらざるなり。かのくにおば安養といへり。曇鸞和尚はほめたてまつりて安養とまふすとこそのたまへり。また『論』には、蓮華蔵世界ともいへり、无為ともいへり。涅槃界といふは無明のまどひをひるがへして、無上涅槃のさとりをひらくなり。界はさかいといふ、さとりをひらくさかいなり。大涅槃とまふすにその名无量なり、くわしくまふすにあたはず、おろ〳〵その名をあらはすべし。涅槃おば滅度といふ、无為といふ、安楽といふ、常楽といふ、実相といふ、法身といふ、法性といふ、真如といふ、一如といふ、仏性といふ、仏性すなわち如来なり。」(『全集』㈣・一七〇頁)

という。「真仏土巻」では、解脱、虚無、如来、不生不滅、不老不死、不破不壊、無上上、無愛無疑、涅槃、無尽、仏性、決定、阿耨多羅三藐三菩提、虚空、非善、無礙等の名をつらねて、それが相即することをのべて、その本質内容を示している。さらに真仏土は光明である。光明はすべてのものの本質を照らしだすものとして、そのはたらきから智慧といわれるのである。更に真仏土は無為であり、常である。一切の有為(つくられたもの)は因縁和合してつくられたものであるから、いつかは滅するものであり、無常である。虚空の真仏土は無為であり、常住である。真仏土は大涅槃である。そこでは一切が平等一如、虚空である。その大涅槃の動いたものが如来である。そして如来所有の一切の功徳が結晶したものが名号であり、名号が具体化したものが大信心である。かくして大信心の帰するところは大涅槃であるが故に大信心を仏性というのである。菩提・涅槃は真仏土の本質であり、これが法蔵の願行成就の報土であるから、衆生は信によって浄土においてそれを修得することができるのである。真仏土は獲信のところに、すでにその脚下にあるのである。ただ現在は煩悩のためにはっきりとみることができない。にも拘らず念仏行者はその信のうちにそれを知ることができるのである。「正信偈」で「能く一念喜愛の心を発すれば、煩悩を断ぜずして涅槃を得」といい、「惑染の凡夫信心を発すれば、生死即涅槃なりと証知す」というのはここのところから理解すべきであろう。

真仏土は大涅槃であるが、その大涅槃とは何であるか。まず涅槃は大楽であり、大浄である。真仏土が「極楽」といわれ、「浄土」といわれるのは大楽であり大浄であるからである。涅槃は普通の苦楽を断じた無苦無楽である。それ故にそれを大楽というのである。また涅槃は常楽であって変易がないから大楽というのである。涅槃は不苦不楽である。しかしそれは世俗的な無感覚というのではない。超世俗的な不苦不楽で、純粋無とでもいうべきものであるから大楽というのである。涅槃は絶対の寂静である。煩悩にわずらわされないものとして大寂静であるから大楽というのである。涅槃は一切を知りつくす真諦の真実の智である。世俗の智慧は仮りのものであり、真諦の世界こそ変ることなき真の安らぎの世界である。次に真仏土にいます如来の身体は堅固で壊れることがない、如来の身体は煩悩の身でもなければ無常の身でもない、だから如来の身体を大楽というのである。真仏は虚空であるから真の金剛不壊であり、無漏の体である。これが真仏

・真仏土の本質である。

涅槃は純浄である。それは迷いの穢れの世界を断ちきっているからである。また一切凡夫の業は煩悩に穢れているのに、諸仏如来の業（はたらき）は煩悩の穢れがないから大浄というのである。また世俗の一切は無常であるのに如来は常である。常であるから浄である。前者は存在的な面からみたものであり、後者は価値的面からみたものである。普通は浄は穢に対していわれるものであるが、ここで浄といわれているものは、それら相対的浄穢を超えた純粋無垢を浄といっているのである。涅槃はそれ故に大浄といわれるのである。涅槃は普通の存在概念や価値概念では律しえない絶対の世界である、完全無欠の円満無辱の世界である。価値と存在の未分の純一の世界が涅槃である。この未分の純一を清浄といい、大浄といっているのである。涅槃が常というのは時間を超えた意味において常なのである。純一絶対の在り方を常といっているのである。それを大浄といっているのである。仏心は無漏であるから大浄といわれるのである。大涅槃は大浄である。

三　一切衆生悉有仏性と成仏

凡夫は真仏土において仏性を開顕して仏となるのである。具体的には「衆生、未来に荘厳清浄の身を具足して、仏性を見ることを得ん、この故にわれ仏性未来といえり」(『真蹟集成』㈡・四二二頁)といわれる如く、穢身のある間は仏性を見ることはできないのである。従っていかに回心して、即得往生し、不退転に住したとしても、清浄の身を具足しない限り、仏性を見ることはできないのである。

ではまず即得往生不退転とはどのような状況をいうのであろうか。往生とは浄土への往生である。従って即得往生といわれるように回心のところに往生は実現されて、浄土はそこに在るのである。にも拘らず、私は煩悩具足の穢身そのままである。信前の私も信後の私も穢身の私である。他力回向のはたらきによって私は百八十度転回しているのである。回心したところ常に浄土に居せりといわれている。しかし穢身のある限り、その浄土を見ることができない。それで「正信偈」には「摂取の心光つねに照護したもう、すでによく無明の闇を破すといへども、貪愛瞋憎の雲霧常に真実信心の天に覆へり。譬えば日光の雲霧に覆はるれども、雲霧の下明らかにして闇無きが如し」といい、「我もまた彼の摂取の中に在れども、煩悩眼を障えて見ずといへども、大悲倦うきことなくして常に我を照したもうといへり」といわれるのである。このように煩悩の在る間は摂取の光明をみることができない。この状態が不退転位の状態である。そこではすでに無明の闇は破れているのである。私は光明の中に在るのである。にも拘らず穢身の在る間はこの光明をみることができないのである。仏性をみることができないのである。

仏性は成仏の因種である。しかしそれは固然としたものではない、「仏性は常なり、なおし虚空のごとし」（『真蹟集成』㊂・四二二頁）といわれるごとく仏性は虚空的存在である。常住不変、一切処に遍しているのである。それで一切衆生悉有仏性といわれるのである。これは仏智見における真実である。ただ穢身の在る限り、この真実は現象的には現象していない、しかしたとえ現象的に現れていないにしても一切衆生悉有仏性の真実は真実である。ここのところを「衆生の仏性は現在に无なりといえども、无というべからず、虚空のごとし。性は无なりといえども、現在に无ということを得ず。一切衆生また無常なりといへども、しかもこれ仏性は常住にして変なし。」（同上・四二四頁）といい、「衆生の仏性は非内非外にして、なお虚空のごとし」（同上）といっているのである。過去・現在・未来の時間的世界にあっては、現在は仏性は無であるが、しかし無とはいえない。また空間的世界においても、仏性は非内非外にして無というよりほかないが、しかしほんとうは仏性は普遍的存在として有るのである。それで「非内非外にして、それ虚空のごとくして有なり」（同上）といわれるのである。本来仏性には内も外もない、全く虚空そのものである。虚空であるけれども、現象的には内外に分かれているから、これを一ということもできないし、また時間的には常ということもできないし、空間的には一切処に遍して有るということもできないのである。それでこのところを「内外は虚空なれども名づけて一とし、常とせず。また一切処に有ということを得ず」（同上）といっているのである。従って本来的には一切存在はすべて仏性である。しかし差別的世界にあって穢身の有るところ、そこには仏性は顕現しない、仏性は穢身の亡失した未来に有るというよりほかはない。それで親鸞は仏性を見て成仏するのは未来であるというのである。穢身が亡失して清浄の身となったときはじめて仏性をみて成仏するのである。それで「衆生の仏性は現在に无なりといへども无といふべからず」といい、「衆生未来に荘厳清浄の身を具足して、仏性を見ることを得ん」（同上）といっているのである。現在は一闡提の私には仏性はない。穢身の私だからである。いま生死的世界にあって煩悩具足の凡夫として生きているからである。それならば肉体的に死ねば皆成仏するかといえば、そうはいえない、たとえ肉体的に死んでも煩悩は断ぜられていないからである。この煩悩は信心によって回心することによって横さまに超えられるのである。横超断四流することによってである。横超の信によって往生することによってである。「安養国に往生して横に五悪趣を截り、悪趣自然に閉む」といわれている。浄土に往生することによって、煩悩は自然に断ちきられるのである。これは浄土のはたらきである。しかし往生していても現在穢身があるかぎり仏性を見ることができないことはくりかえしのべていることである。この穢身が亡失すれば自然に仏性を見ることができるのである。成仏できるのである。

それで『高僧和讃』「曇鸞讃」には

安楽仏国に生ズルハ
畢竟成仏ノ道路ニテ
無上ノ方便ナリケレバ
諸仏浄土ヲススメケリ

と和讃されている。従って往生と成仏とは一応別のこととして区別しなければならない。往生とはいうまでもなく浄土への往生である。そして親鸞の「往生」は覚如のいったように不体失往生である。第十八願成就文に「諸有衆生　聞其名号　信心歓喜　乃至一念　至心廻向　願生彼国　即得往生　住不退転　唯除五逆　誹謗正法」といわれているように往生は獲信の時に即得往生して不退転に住するのである。往生とは獲信の事態である。このことは「現生正定聚」の項においてのべたところであるが、『唯信鈔文意』(『全集』㈣・一六一頁)にも『一念多念文意』にものべられている。『一念多念文意』には

「真実信心をうれば、すなわち無㝵光仏の御こゝろのうちに摂取して、すてたまはざるなり。摂はおさめたまふ、取はむかへとるとまふすなり。おさめとりたまふとき、すなわち、とき、日をもへだてず、正定聚《ワウシヤウスヘキミトサタマルナリ》のくらゐにつきさだまるを、往生をうとはのたまへるなり。」(『全集』㈣・一二七頁)

とある。ここでは往生は獲信の事態である。ところが「正定聚」の左訓には「ワウシヤウスヘキミトサタマルナリ」とあり、ここでは往生すべき身と定まったということで、まだ往生していない事にとれるのである。また『末灯鈔』などの消息には、たとえば「まことの信心の人をば、諸仏とひとしと申なり。又補処の弥勒とおなじとも申也。このよにて真実信心の人をまぼらせ給へばこそ、阿弥陀経には十方恒沙の諸仏護念すとは申事にて候へ。安楽浄土へ往生してのちは、まもりたまふと申すことにては候はず。娑婆世界にゐたるほど護念すと申事也」とか、「明法御房の往生」とかの如く、世俗の使い方と同じように、体失、すなわち肉体の死ぬ事を往生といっている。従って横超の往生とは全く異なった往生の使い方といわねばならない。それで「往生」という語を即得往生の往生と世俗的な体失の往生との二種類の使い方がなされていると見なければならない。単なる穢体の亡失は生死的世界における死であって、このような死によっては阿弥陀如来の清浄本願の報土へなど往生できないことはいうまでもない。自然虚無之身、無極の体をうけるという如き往生は、単なる肉体の死によっては不可能であるからである。このような意味において、宗教的には覚如の不体失往生の主張は正しいといわねばならない。

しかし穢体の亡失の往生が無意味なのではない。娑婆にある間は即得往生しても煩悩は消失しないからである。横超断四流しても現実には煩悩が残っている。これは現実の事実である。この事実をふまえて体失と同時に成仏することを親鸞は主張したのである。従って往生と成仏とは区別すべきである。これらの点が従来は明確でないようであるがいかがなものであろうか。

四 仏性を見るとはいかなることか

成仏とは仏性を見ることによって成立するのであるが、その仏性を見るとはいかなることであろうか。

仏性を見るとは如来の心相を知ることであるが、それには「眼見」と「聞見」の二つがある。眼見とは掌中においてみる如くはっきりと仏性を見、如来の心相を知ることであって、これは仏のみのなしうるところである。それに対して聞見とは了了とは知りえない知り方であって、菩薩の知り方である。従って完全にのこすところなくはっきりと直接的に知るのが眼見であって、間接的に知るのが聞見ということができよう。

ところで第十地の菩薩は少分仏性を見るということが説かれている。第十地の菩薩は自分の仏性は知ったけれども、一切衆生悉有仏性ということを知ることができない、それで完全に仏性を知ったということはできない。何故一切衆生悉有仏性を知ることができないかといえば、煩悩に覆われているからである。いま親鸞が『涅槃経』からここの文を引いているのは、他力信心の行者は内実的には第十地の菩薩すなわち等覚と同じものとみたからであろう。十住の菩薩は仏性を聞見するというのである。他力信心の者は名号を聞信するのである。名号は阿弥陀仏のはたらきであり、このはたらきを他にして生きた仏は存在しない、仏はいま私の上にはたらいているのである。名号のはたらきかけによって如来の呼び声を如来として知ることができる。聞其名号とは如来のすがたをはっきりと知ったことであり、私が光明のうちに光明と一つであることを知ったことである。それは自己の仏性をはっきりと知ったことにほかならない。

ところが親鸞はここで「善男子、また眼見あり。諸仏如来なり。十住の菩薩は仏性を眼見し、また聞見することあり」（『真蹟集成』㈢・四三五頁）とのべている。これはどういうことであろうか。十住の菩薩が眼見しまた聞見するとはどういうことであろうか。先哲は浄土眼見、穢土聞見としている。これは当然であるが、わざわざそういう必要はなかろう。わたくしは次のように解釈してみた。他力信心の行者は穢土において聞見する、しかし聞見だけに止まらない。親鸞は「信心ヨロコブソノ人ヲ　如来トヒトシトトキタマフ　大信心ハ仏性ナリ　仏性スナハチ如来ナリ」（『全集』㈢・二七七頁）と和讃している。すでにくりかえしのべたごとく、獲信のところにおいて光明界裡にあるのである。換言すれば浄土にあるのである。仏性はそこにある。これは眼見である。しかし穢身のあるかぎり、了了に仏性をみることはできない。娑婆にいるかぎり聞見という他ないであろう。そのことをあえて「十住の菩薩は仏性を眼見し、また聞見することあり」とぎこちない読み方をしたのではないであろうか。先哲は因中説果として、やがて浄土では眼見するからこういったのであると解しているが、わたくしは動的に解してみた。その方が「和讃」にもふさわしいように思う。われわれは回心のところに逆接的にある浄土において如来のはたらきを文字通り了了と心で知ることができる。これこそ眼見である。他力信心の行者は聞見し眼見するのである。わたくしは「十住の菩薩は仏性を眼見し、また聞見することあり」ということをこのように解してみた。

親鸞はここで『涅槃経』十三文を引いて、真仏土の本質とその在り方を示している。浄土三部経に画かれた極楽の本質と在り方はかかるものなのである。

五　真仏土の虚空性

真仏土は広大にして辺際なき虚空である。

安養浄土ノ荘厳ハ
唯仏与仏ノ知見ナリ
究竟《クキヤウ》《キワム》セル《オハ》《オワリ》コト《キワメ》《オワル》虚空ニシテ

広大ニシテ辺際ナシ（『全集』㈡・八一頁）

と和讃されている。そしてこの虚空性に基いて不断煩悩得涅槃が成立するのである。『入出二門偈』に「この信心をもつて一心と名づく、煩悩成就せる凡夫人、煩悩を断ぜずして涅槃を得しむ、則ちこれ安楽自然の徳なり。」（『全集』㈤・一二一頁）とある通り、不断煩悩得涅槃は浄土の自然の徳であり、この自然の徳こそ浄土の虚空性に基いているのである。虚空において一如になるからである。信心の一心において不退転に住し、娑婆の穢体消滅と共に大涅槃に住するのである。

この虚空性はまた無縁の大悲そのものである。虚空であるが故に無縁の大悲なのである。浄土の虚空性は阿弥陀仏という人格的存在者のはたらきとして、不虚作住持功徳成就として具体的に示されている。不虚作住持功徳成就とは阿弥陀如来の本願力である。仏の本願力は信ずる私にはたらきかける。この働きかけに遇った者は誰一人として空しく過ぎるものはない。すべてが功徳の大宝海に一味である。浄土の虚空性はすべてのものを一味ならしめる。それは功徳大宝海である。

六　十二光

阿弥陀仏は十劫の昔、成仏したといわれている。その限り十劫という有限的時間的存在と考え

られる。しかし十劫成仏の阿弥陀仏はそのまま超時間的存在として無量寿である。親鸞は和讃して

弥陀成仏ノコノカタハ
イマニ十劫トトキタレト
塵点久遠劫ヨリモ
一大三千界ヲスミニシテ　コノスミヲフテノサ
キニチトツケテ　クニヒトツニチトツケ　クニ
ヒトツニチトツケテ　ツケツクシテ　コノチリ
リノカスヲカソヘ　ツモリタルヲチンテンクオ
ンコフトイフナリ
ヒサシキ仏トミエタマフ（『全集』㈡・三六頁）

といっている。方便法身はそのまま法性法身である。両者は不一不異である。もともと方便法身を欠いた法性法身は真の生きた法性法身ではない。生きた法性法身は即方便法身、方便法身は即法性法身でなければならない。この即のところに生きた阿弥陀仏があるのである。弥陀とは法性法身の動的面、無縁の大悲のはたらきをいうのである。

この弥陀の本質は光明である。親鸞は和讃して、

弥陀成仏ノコノカタハ
イマニ十劫ヲヘタマヘリ
法身ノ光輪キハモナク
世ノ盲冥《メシヰノクラキトナリ》ヲテラスナリ（『全集』㈡・八頁）

という。いま私は念仏のうちにあって、阿弥陀仏の光明のうちに生かされている。しかし思えば私がそれに気づく前に、十劫の昔即久遠の昔から、十方法界に遍して私たちを照らしつづけていたもうたのである。

この光明は十二光として説明されている。その一は無量光である。

智慧《チハ　アレハアレ　コレハコレト　フンヘチシテ　オモヒハカラフニヨリテ　シユイニナツク　ヱハ　コノオモヒノサタマリテ　トモカクモハタラカヌニヨリテ　フトウニナツク　フトウサムマイナリ》ノ光明ハカリナシ
有量ノ諸相コトゴトク
光暁カフラヌモノハナシ
真実明ニ帰命セヨ（同上）

と和讃されている。そして智慧の左訓に「チ(智)ハ、アレハアレ、コレハコレトフンヘチ(分別)シテオモヒハカラフニヨリテシユイ(思惟)ニナツク、ヱ(慧)ハコノオモヒノサダマリテトモカクモハタラカヌニヨリテフトウ(普等)ニナツク、フトウサムマイ(普等三昧)ナリ」とある。前者は権智といわれ、現実の仮有差別を照らす智慧であり、後者は実智といわれ、一如の実理に住して真実平等を照らす智慧である。普等三昧とは平等に一心不乱の境地をいう。智慧の光明とはこの二つの智慧のはたらきをいうのである。この二智のはたらきによって有限的差別の相の顛倒虚妄を知らしめられると共に平等一如の真実そのものを知らしめられるのである。それ故にこれを真実明とよんでいるのである。

その二は無辺光である。これを和讃して、

解脱《ケダチトイフハ　サトリヲヒラキホトケニナルヲイフ　ワレラガアクゴフボムナウヲ　アミダノオムヒカリニテ　クタクトイフコヽロナリ》ノ光輪キハモナシ
光触《ヒカリヲミニフル、トイフコヽロナリ》カフルモノハミナ
有无《シヤケンヲハナル、ナリ》ヲハナルトノベタマフ
平等覚《アミタハホフシンニテマシマスアヒタヒヤウドウカクトイフナリ》ニ帰命セヨ（同上・九頁）

という。この左訓にて理解されうるように、阿弥陀仏は一切の束縛から解放されて絶対自由の光明である。それは虚空として辺際がない。この光に触れるものは一切の悪業煩悩が打ちくだかれるのである。そして有無の邪見を離れることができるのである。有無の邪見を離れたところは絶対の平等である。それで阿弥陀仏を無辺光というのである。それは周辺のない無限大の円といえよう。無限大の円はどこをとっても中心点たりうるごとく、平等そのものである。それは無辺にはたらき遍照し一切を虚空ならしめるのである。阿弥陀仏は平等を覚したものであると共に一切を一味平等ならしめるものとして、平等覚というのである。

第三は無㝵光である。

「光雲のごとくにして无㝵なること虚空の如し、故に无㝵光と号す。一切の有礙光沢を蒙る。この故に難思議を頂礼しまつる。」（『真蹟集成』㈢・四四八頁）

ここのところを次のように和讃している。

光雲无㝵如虚空
一切ノ有礙《サワル》ニサワリナシ
光沢《ヒカリニアタルユヘニチエノイテクルナリ》カフラヌモノゾナキ
難思議《コヽロノオヨハヌニヨリテナンシギトイフ》ニ帰命セヨ（同上）

仏の光明は雲のごとく、虚空のごとく一切の有礙に障えられることなく、あらゆるものを潤し育むのである。何ものもこの光をさえぎることができない。むしろ一切のものを包みこみ一味たらしめるのである。このようなはたらきをする光明は考え及ばないものであるから、難思議という徳号をたてまつるのである。『唯信鈔文意』には

「微塵世界ニ无导ノ智慧光ヲハナタシメタマフユヘニ尽十方无导光仏トマフスヒカリニテカタチモマシマサズ、イロモマシマサズ、无明ノヤミヲハラヒ、悪業ニサエラレズ、コノユヘニ无导光トマフスナリ。无导ハサワリナシトマフス、シカレバ阿弥陀仏ハ光明ナリ、光明ハ智慧ノカタチナリトシルベシ。」(『真蹟集成』㈧・四三一頁)

と解説している。无导光を智慧の光明としてとらえている。無明の闇を払い、真実の智慧に目覚めせしめるのが智慧光である。それ故に親鸞は

無导光ノ利益ヨリ
威徳広大ノ信ヲエテ
カナラス煩悩ノコホリトケ
スナワチ菩提ノミツトナル（「浄土高僧和讃」『真蹟集成』㈢・一八七頁）

と和讃し、また

本願円頓一乗ハ《ハチマンノシヤウゲウノスヘテ　スコシモカクルコトナキヲエントマフスナリ》
逆悪摂スト信知シテ
煩悩菩提体無二ト《ホムナウホダイモヒトツミズトナリフタツナシトナリ》
スミヤカニトクサトラシム（同上・一八〇頁）

「ヒカリニアタルユヘニチエノイデクルナリ」の左訓の如く、仏の光は真実の智慧を生ぜしめるのである。信知は単に心情的に信ずることではない。そこには真実を知る智慧が芽生えしめられるのである。

その四は無対光である。

「清浄の光明対あることなし、故に無対光と号す。斯の光に遇《まうあ》ふ者は業繫除こる。この故に畢竟依を稽首しまつる。」（『真蹟集成』㈢・四四八頁）

仏の光明は清浄である。それは単に煩悩を離脱しているだけではない、むしろ煩悩を包んでこれを消滅し、清浄一味ならしめるはたらきをするのである。それは浄穢の相対を超えた絶対清浄

であるから無対光というのである。和讃して

清浄光明ナラビナシ《トムヨクノツミヲケサムレウニ　シヤウ〳〵クワウミヤウトイフナリ》
遇斯光ノユエナレバ《コノヒカリニアフモノハ》
一切ノ業繋《ゴウニツナガル》モノゾコリヌ
畢《オワリ反　ツイニ反》竟《オワル反　キワム反》依《ヨル反　シタガフ反》ニ帰《メシニ反》命セヨ《ホウシンノサトリノコルトコロナクキワマリタマヒタリトイフコヽロナリ》（「浄土和讃」『真蹟集成』㊂・二三頁）

という。左訓ともども味わうべきであろう。無対の清浄光明に遇いたてまつって信心開発したところ、そこでは無明の闇は照破されて、煩悩の根は断ち切られているのである。

その五は光炎王である。

仏光照耀最第一《サイハコトニモトモスグレタリトイフコヽロナリ》
光炎王仏トナツケタリ
三塗ノ黒闇ヒラクナリ

大応供《カナフ反》ニ帰命セヨ（同上・二四頁）
一サイシユジヤウノクヤウヲウケマシマスニコタエタマフニヨリテダイオウグトイフ

と和讃している。光炎王とは、仏の光明が最第一であるからそれは一切衆生の供養を受けるに値するというのである。

その六は清浄光である。和讃に

道光明朗《ホガラカナリ反》　超絶《タエタリ反》セリ
タエタリトイフスクレタルニヨリテマウスナリ
タウクワウミヤウラウテウゼチトイフハアミダニヨライナリ
清浄光仏トナヅケタリ
ヒトタビ光照カフルモノ
業垢ヲノゾキ解《サトリ反》脱《サトル反》ヲウ（同上・一一六頁）
アクコフホムナウヲモノゾキ　ケタチオモウ
ケタチトイフハ　ブチクワニイタリホトケニナルヲイフ

道光とは仏のさとりの光である。その光は明らかに朗らかに照りかがやき、超絶しているから清浄光というのである。左訓はこれをはっきり阿弥陀如来としている。左訓ともども味わって頂きたい。

その七は歓喜光である。和讃には

慈《アワレム》光《ヒカリ》ハルカニカフラシメ
シハチ、ノジヒニタトフルナリ

ヒカリノイタルトコロニハ

法喜《ヨロコヒ反》ヲウトゾノベタマフ
クワンギクワウブチヲホウキトイフ
コレハ　トムヨクシンイグチノヤミヲケサンレウナリ
大安慰ニ帰念セヨ（同上・二六頁）
タイアンヰハミタノミナナリ一サイシユシヤウノ
ヨロツノナケキ　ウレエワルキコトヲミナ
ウシナフテヤスクヤスカラシム

と。法喜とは法のよろこびであるが、これを和讃では歓喜光仏と解している。法のよろこびをうるとは歓喜光仏と一体一味になった法悦をいうのであろう。

その八は智慧光である。和讃には

無明ノ闇ヲ破スルユヘ

智慧光仏トナヅケタリ
一サイノシヨフチノチヱヲアツメタマヘルユヘニ
チヱクワウトマウス　イチサイシヨブチノ仏ニ
ナリタマフコトハ　コノアミダノチヱニテナリタマフナリ

一切諸仏三乗衆《ショウモンエンカクホサチコレヲ三ショウトイフナリ》
トモニ嘆誉シタマヘリ（同上・二八頁）

とある。阿弥陀仏の光明は一切の無明の闇を破する智慧の光である。
その九は不断光である。和讃に

光明テラシテタエサレバ
不断光仏トナツケタリ
聞光力《モントイフハ　キクトイフ　キクトイフハコノホフヲキ、テシンシテツネニタエヌコ、ロナリ》ノユヘナレバ
心不《ズ》二断《タエ》一ニテ往生ス《ボダイシムノタエヌニヨリテフタントイフ》（同上・二八頁）

という。文明本、顕智本には「聞光力ノユヘナレバ」の左訓に「ミダノオンチカヒヲシンジマヒラスルナリ」とあり、「心不断ニテ往生ス」の左訓には「ミダノセイグワンヲシンゼルコ、ロタヘズシテワウジヤウストナリ」とある。（『全集』㈡・一二頁）これらの左訓によってその意味は十

分に理解できるであろう。

その十は難思光である。和讃して

仏光測量ナキユヘニ
ハカリ反　ハカルニキワナシ
シキハハカラヒノキワナキヲイフ　リヤウハ
カズヲシルヲイフナリ
難思光仏《ナンジクワウブチ》トナヅケタリ
スベテコ、ロノオヨバヌニテ　ナンジクワウブチトイフナリ
諸仏ハ往生嘆《タン》ジツツ
弥陀ノ功《ク》徳《トク》ヲ称《シヨウ》セシム（同上・一三頁）
シヨウ反　ハカリ反
ヨム反　トナフ反

という。仏の光明は深く底なく測り知ることができないから難思光というのである。この光明によって往生せしめられるから、諸仏は弥陀の功徳を讃嘆し、これを称せしめられるのである。

その十一は無称光である。和讃して

神光《シンクワウ》ノ離相《リサウ》ヲトカザレバ
ハナル反　カタチ反　ヒカリハカタチノナキナリ
シンクワウトイフハアミタ　スヘテミタノカタチ　トキアラハシカタシトナリ

無称光仏《ムショウクワウブチ》トナヅケタリ《スヘテコトハオヨバヌニヨリテ　ムショウクワウブチトマフスナリ》
因光成仏《インクワウシヤウブチ》ノヒカリオバ《ヒカリヲタ子トシテホトケニナリタマヒタリ》
諸仏《ショブチ》ノ嘆《タン》ズルトコロナリ（同上・一三頁）

という。その意味はこの和讃にて十分味わいうるであろう。
その十二は超日月光である。

光明月日《クワウミヤウツキヒ》ニ勝過《ショウグワ》シテ
超《テウ》日月光トナツケタリ
釈迦嘆《タン》ジテナホツキズ
无《ム》等等《トウトウ》ニ帰命セヨ《ヒトシクヒトシキ人ナシ》（同上・一四頁）

と和讃している。仏の光明は日月の光に超えすぐれている。それで釈迦は無量寿経には「仏のたまわく、われ無量寿仏の光明威神、巍巍殊妙なるをとくこと、昼夜一劫すとも、なおいまだ尽すことあたわじ」（『真聖全』㈠・一七頁）と説かれている。それだから無等等に帰命せよという。無等等に親鸞は「ヒトシクヒトシキ人ナシ」と左訓している。先輩の説明はいろいろであるが（『講解教行信証』一五七六頁以下参照）一口にいえば比べるのに比べものがないという意味であろう。

以上が阿弥陀仏の十二光といわれているものである。阿弥陀仏の本質的はたらきが十二に分けられて讃嘆されているのである。いま私を包む阿弥陀仏の光明はこのようなはたらきをもって不断に私にはたらきかけているのである。「弥陀成仏ノコノカタハ　イマニ十劫ヲヘタマヘリ　法身ノ光輪キワモナク　世ノ盲冥ヲテラスナリ」である。十劫の昔、成仏したまい、個的存在として私にはたらきかける弥陀は法身の際もなき光輪という全的存在である。弥陀は個即全的存在である。

七　報身報土

親鸞は弥陀は報身であり、その浄土は報土であるというが、その報身報土とはいかなるものであろうか。

法性法身は無色、無形、無生無滅の絶対空そのものである。この法性法身が垂名示形して娑婆世界へはたらきかけたのが報身であり、報土である。阿弥陀仏は法蔵菩薩が修行を完成してすべての理想的な徳を具えた仏であるから報身であるという。かく万行の善根功徳の報いとして出現した仏であるから報身であり、その浄土はその報いとして成立した世界、土であるから報土というのである。かく名をもち相をあらわし、形を示したとはいえ、それは穢土的なものではない。穢土的存在として現れたのを応身というのである。報身は穢土にはたらいていても穢土の応身ではない、穢土の化身ではない。報身は常住無生無滅であって、しかも垂名示形してはたらくのである。それは如空的であり、非化的である。無的であると共に有的である。それは如化的即非化的存在である。如化的存在と非化的存在の即一である如き存在が報身・報土である。それは相即無相的存在である。しかしそれは真如法性の世界とは世界が違うのである。真如法性の世界を第一次形而上的世界とすれば、この報身・報土の世界は第二次形而上的世界といいうるであろう。報の世界も娑婆世界でないかぎり、形而上的世界といいうるであろう。しかしそれは真如法性の絶対空ではなくして、どこまでも化の如き存在として如化的であり、空の如き存在として如空的である、実在としては非化的存在である。価値的にみれば娑婆世界は穢土であり、報の世界は浄土である。存在としては報の世界は如化的存在として国土があり、その主の報身があり、眷属のいる三厳二十九種に荘厳された有的世界である。しかしそれは如空的であり、無生無滅である。しかしそれかといって絶対空の真如そのものではなくして、如有的空、如空的有である。このような如有的空、如空的有そのものが報としての浄土である。それで親鸞はこれを具体的に「仏は則ちこれ不可思議光如来なり、土はまたこれ無量光明土なり」と示したのである。そしてこの土にはすべての衆生が仏願力に託することによって、ひとしく救われてゆくのである。これを五乗斉入といっている。

かくして親鸞は善導から詩趣豊かな名文を引いて真仏土を結んでいる。

「西方寂静无為の楽《みやこ》は畢竟逍遙して有无を離れたり。大悲心に薫じて法界に遊ぶ。分身して物を利すること等しくして殊なることなし。」（『真蹟集成』㈠・四六二頁）

拙訳するのがおしい程の名文である。西方の極楽浄土は為作造作を離れた絶対寂静の無為自然の都である。有無の邪見を離れた空の境界である。浄土においては弥陀の大悲はその国に生まれる者の心に薫じて、十方の法界に遊戯して自在に大悲をはたらかしめるのである。そのはたらきはいろいろなすがたを示してあらゆる衆生を利益するのである。その対象はさまざまであるが、それに応じていろいろにはたらいて皆平等に大悲の光益を蒙って異なることはないのである。みな平等にさとりをひらかしめられるのである。

「帰去来《いざいなん》、魔郷には停まるべからず。曠劫よりこのかた六道に流転して、ことごとくみな逕たり、いたるところに余の楽《たのしみ》なし。ただ愁歎の声を聞く。この生平《しょうびょう》をおへて後、かの涅槃の城に入らんと。」（同上）

訳するのを止めにしよう。

「極楽は无為涅槃の界なり。随縁の雑善おそらくは生じ難し。かるが故に如来要法を選んで教えて、弥陀を念ぜしめて、専らにしてまた専らならしめたまへり。」（同上・四六三頁）

この文については親鸞自身が『唯信鈔文意』にすばらしい説明をしているので、そのまま全文を引くことにしよう。

「「極楽无為涅槃界」トイフハ、極楽トマフスハカノ安楽浄土ナリ、ヨロヅノタノシミツネニシテ、クルシミマジワルコトナシ。カノクニオバ安養トイヘリ。曇鸞和尚ハホメタテマツリテ安養トマフストコソノタマヘリ。マタ『論』ニハ蓮華蔵世界トモイヘリ、无為トモイヘリ。涅槃界トイフハ无明ノマドヒヲヒルガヘシテ、无上涅槃ノサトリヲヒラクナリ。界ハサカイトイフ、サトリヲヒラクサカイナリ。大涅槃トマフスニソノ名無量ナリ、クワシクマフスニアタハズ、オロ〳〵ソノ名ヲアラハスベシ。涅槃オバ滅度トイフ、无為トイフ、安楽トイフ、常楽トイフ、実相トイフ、法身トイフ、法性トイフ、真如トイフ、一如トイフ、仏性トイフ、仏性スナワチ如来ナリ。コノ如来微塵世界ニミチ〳〵タマヘリ、スナワチ一切群生海ノ心ナリ、コノ心ニ誓願ヲ信楽スルガユヘニ、コノ信心スナワチ仏性ナリ、仏性スナワチ法性ナリ、法性スナワチ法身ナリ。法身ハイロモナシ、カタチモマシマサズ。シカレバコヽロモオヨバレズコトバモタヘタリ。コノ一如ヨリカタチヲアラハシテ、方便法身トマフス御スガタヲシメシテ、法蔵比丘トナノリタマヒテ、不可思議ノ大誓願ヲオコシテアラワレタマフ御カタチオバ、世親菩薩ハ尽十方无㝵光如来トナヅケタテマツリタマヘリ。コノ如来ヲ報身トマフス、誓願ノ業因ニムクヒタマヘルユヘニ報身如来トマフスナリ。報トマフスハタネニムクヒタルナリ、コノ報身ヨリ応・化等ノ无量无数ノ身ヲアラハシテ、微塵世界ニ无㝵ノ智慧光ヲハナタシメタマフユヘニ尽十方无㝵光仏トマフスヒカリニシテ、カタチモマシマサズ、イロモマシマサズ、无明ノヤミヲハラヒ悪業ニサエラレズ、コノユヘニ无㝵光トマフスナリ。无㝵ハサワリナシトマフス、シカレバ阿弥陀仏ハ光明ナリ、光明ハ智慧ノカタチナリトシルベシ。

「随縁雑善恐難生」トイフハ、随縁ハ衆生ノオノ〳〵ノ縁ニシタガヒテ、オノ〳〵ノコヽロニマカセテ、モロ〳〵ノ善ヲ修スルヲ極楽ニ廻向スルナリ、スナワチ八万四千ノ法門ナリ。コレハミナ自力ノ善根ナルユヘニ、実報土ニハムマレズト、キラワルヽユヘニ、恐難生トイヘリ。恐ハオソルトイフ、真ノ報土ニ雑善自力ノ善ムマルトイフコトヲオソルヽナリ。難生ハムマレガタシトナリ。

「故使如来選要法」トイフハ、釈迦如来ヨロヅノ善ノナカヨリ名号ヲエラビトリテ、五濁悪時悪世界悪衆生邪見無信ノモノニ、アタエタマヘルナリトシルベシトナリ、コレヲ選トイフ、ヒロクエラブトイフナリ。要ハモハラトイフ、モトムトイフ、チギルトイフナリ。法ハ名号ナリ。

「教念弥陀専復専」トイフハ、教ハオシフトイフ、ノリトイフ、釈尊ノ教勅ナリ。念ハ心ニオモヒサダメテ、トモカクモハタラカヌコヽロナリ。スナワチ選択本願ノ名号ヲ一向専修ナレトオシエタマフ御コトナリ。専復専トイフハ、ハジメノ専ハ一行ヲ修スベシトナリ。復ハマタトイフ、カサヌトイフ、シカレバマタ、専トイフハ一心ナレトナリ、一行一心ヲモハラナレトナリ。専ハ一トイフコトバナリ、モハラトイフハ、フタゴコロナカレトナリ、トモカクモウツルコヽロナキヲ専トイフナリ。コノ一行一心ナルヒトヲ摂取《オサメトリタマフトナリ》シテステタマハザレバ阿弥陀トナヅケタテマツルト、光明寺ノ和尚ハノタマヘリ、コノ一心ハ横超ノ信心ナリ。横ハヨコサマトイフ、超ハコエテトイフ、ヨロヅノ法ニスグレテ、スミヤカニトク生死海ヲコエテ、仏果ニイタルガユヘニ超トマフスナリ。コレスナワチ大悲誓願力ナルガユヘナリ。コノ信心ハ摂取ノユヘニ金剛心トナレリ。コレハ大経ノ本願ノ三信心(至心・信楽・欲生の三信のこと。筆者註)ナリ。コノ真実信心ヲ世親菩薩ハ、願作仏心トノタマヘリ。コノ信楽ハ仏ニナラムトネガフトマフスコヽロナリ。コノ願作仏心ハスナワチ度衆生心ナリ、コノ度衆生心トマフスハ、スナワチ衆生ヲシテ生死ノ大海ヲワタスコヽロナリ。コノ信楽ハ衆生ヲシテ无上涅槃ニイタラシムル心ナリ、コノ心スナワチ大菩提心ナリ、大慈大悲心ナリ。コノ信心スナワチ仏性ナリ、スナワチ如来ナリ。コノ信心ヲウルヲ慶喜トイフナリ、慶喜スルヒトハ諸仏トヒトシキヒトトナヅク。慶ハヨロコブトイフ、信心ヲエテノチニヨロコブナリ、喜ハコヽロノウチニヨロコブコヽロタエズシテツネナルヲイフ、ウベキコトヲエテノチニ、ミニモコヽロニモヨロコブコヽロナリ。信心ヲエタルヒトヲバ分陀利華トノタマヘリ。コノ信心ヲエガタキコトヲ経ニハ、極難信法トノタマヘリ。シカレバ大経ニハ、若聞斯経、信楽受持、難中之難、无過此難トオシヘタマヘリ。コノ文ノコヽロハモシコノ経ヲキヽテ、信ズルコトカタキガナカニカタシ、コレニスギテカタキコトナシトノタマヘル御ノリナリ。釈迦牟尼如来ハ五濁悪世ニイデテ、コノ難信ノ法ヲ行《オコナフト》ジテ、无上涅槃ニイタルトトキタマフ。サテコノ智慧ノ名号ヲ濁悪ノ衆生ニアタエタマフトノタマヘリ。十方諸仏ノ証誠、恒沙如来ノ護念ヒトヘニ真実信心ノヒトノタメナリ。釈迦ハ慈父、弥陀ハ悲母ナリ。ワレラガチヽハヽ、種種ノ方便ヲシテ、无上ノ信心ヲヒラキオコシタマヘルナリトシルベシトナリ。オホヨソ過去久遠ニ三恒河沙ノ諸仏ノヨニイデタマヒシミモトニシテ、自力ノ菩提心ヲオコシキ、恒沙ノ善根ヲ修セシニヨリテ、イマ願力ニマウアフコトヲエタリ、他力ノ三信心ヲエタラムヒトハ、ユメ〳〵余ノ善根ヲソシリ、余ノ仏聖ヲイヤシウスルコトナカレトナリ。」（『真蹟集成』㈧・三〇六頁以下）

また

「仏に従ひて逍遙して自然に帰す。自然は即ちこれ弥陀の国なり。无漏无生還りて即ち真なり。行来進止に常に仏に随ひて、无為法性身を証得すと、又云はく弥陀の妙果おば号して无上涅槃と曰ふと。」（『真蹟集成』㈡・四六三）

解説するのがおしいような妙句である。仏に随ってそのまま自然に帰するのである。自然は弥陀の国である。自然の国は煩悩の穢れを離れ、生死の世界を脱した清浄無垢の世界である。これこそ真実の世界である。そこで無為法性身を証得するのである。それが無上涅槃といわれているものである。

阿弥陀仏とその浄土は報仏報土といわれている。その報というのは因位法蔵菩薩の願が成就して、その願に酬報して、その結果出来上ったものであるからである。それで

「それ報を按ずれば、如来の願海によって果成の土を酬報せり。故に報と曰ふなり。然るに願海について真あり仮あり。ここをもってまた仏土について真あり仮あり、選択本願の正因に由って真仏土を成就せり。」（『真蹟集成』㈡・四六七頁）

といっている。如来の願にも真実の願と方便の願とがあり、また土にも真仏土と仮の仏土とがある。真仏土は選択本願の正因によって成就したものであるというのである。

ここで選択本願の正因といわれているものはいかなる願であろうか。それは「真仏土巻」の初めに

「謹んで真仏土を按ずれば、仏は則ちこれ不可思議光如来なり。土はまたこれ無量光明土なり。しかれば則ち大悲の誓願に酬報するが故に、真の報仏土といふなり。すでにして願います、即ち光明・寿命の願これなり。」

といっている。従ってこれによれば第十二願光明無量の願、第十三願寿命無量の願がここでいう選択本願の正因といわれているものであるといえよう。

ところが選択本願の正因とあるから、やはり第十八願を指したものであろうという説がある。選択本願という名称は法然によって首唱されたもので、総じては四十八願、別しては第十八願を指したものであり、親鸞がこれを継承したことはいうまでもないが、しかし親鸞は選択本願という語をいわゆる真実五願（第十一願、第十二願、第十三願、第十七願、第十八願）について用いている。諸仏称名の願を選択本願之行といい、「正信偈」をのべるにあたって

「その真実の行願は諸仏称名の願なり、その真実の信願は至心信楽の願なり、これすなわち選択本願の行信なり」（『真蹟集成』㈠・一四二頁）

といっている。第十八願を選択本願といっていることはいうまでもないが、第十二願、第十三願を選択の名をもってよんでいることは「正像末法和讃」にも

超世无上ニ摂取シ
選択五劫思惟シテ
光明寿命ノ誓願ヲ
大悲ノ本トシタマヘリ（『全集』㈢・一六七頁）

とある。また『浄土三経往生文類』には

「大経往生トイフハ　如来不可思議ノ願海、コレヲ他力トマフス、コレスナワチ念仏往生ノ願因ニヨリテ必至滅度ノ願果ヲウルナリ」（『真蹟集成』㈣・三二一頁）

といい、第十一願の必至滅度の願を願果といっている。

凡夫救済のためにはこの真実五願が必要なのである。凡夫の救済には第十八願の成就が必要であるが、そのためには真仏土が建立されていなければならない、すなわち真仏土建立の願である第十二願、第十三願の成就が必要となるのである。そしてそこで真の証果を得さしめる第十一願が完成されていなければならない。そして第十八願の成就するためには第十七願のはたらきがなければならない。このようにみるとき、これら真実五願のどれ一つを欠いても凡夫の成仏は成就しない。それでこれらの願が真実五願とよばれ、親鸞がそれらのいずれにも選択本願の名を付したことも十分うなずけるところである。

かくして真仏を規定して

「真仏といふは、『大経』には無辺光仏・无导光仏とのたまへり。また諸仏中の王なり、光明中の極尊なりとのたまへり。已上。論には帰命尽十方无导光如来といへるなり。」（『真蹟集成』㈢・四六七頁）

といい、真仏土を規定して

「真土というは、『大経』に无量光明土とのたまへり。或るいは諸智土とのたまへり。已上

論には究竟じて虚空の如し、広大にして辺際なしといふ。」(同上・四六八頁)

といい、往生を規定して

「往生というは『大経』には、皆、自然虚无之身、無極之体を受ける、とのたまへり。已上論には、如来浄華衆、正覚華化生といへり。また同一念仏して無別道故といへり。已上。また難思議往生といへる是なり」(同上・四六八頁)

といっている。

かくして報土に往生して成仏するのであるが、上にのべたように報土には真仏土と仮の報土とがある。この仮の仏土はその業因が千差万別であるから、仮の仏土も千差である。この仮の仏土を方便化身土というのであって、親鸞はこの方便化身土を「浄土方便化身土巻」において論じている。

第十章　方便化身土巻

一　方便化身化土の願

すでに真実の教行信証を説き、真仏土の何たるかを明らかにしたのに、何故に方便化身土を親鸞は説かねばならなかったのであろうか。「真仏土巻」の終りに

「良《まこ》とに仮の仏土の業因千差なれば、土もまた千差なるべし。これを方便化身・化土と名づく」

といっている。機は千差万別である。従ってその機の目に耐えうるような仏土でなければ、機はこの仏土を見ることはできない。それで千差の機に応じた仏・仏土が顕現されたのである。

親鸞は当時の仏教界のありさまをみて、次の如くのべている。

「然るに濁世の群萠、穢悪の含識、乃し九十五種の邪道を出でて半満権実の法門に入ると雖も、真なる者は甚だ以つて難く、実なる者は甚だ以つて希なり、偽なる者は甚だ以つて多く、虚なる者は甚だ以つて滋し。ここをもつて釈迦牟尼仏福徳蔵を顕説して群生海を誘引し、阿

弥陀如来もと誓願を発して普く諸有海を化したまふ。」(『真蹟集成』㈠・四七三頁)

いまこの現実をみるとこの世は五濁悪世、この世に雑草の如くはびこっている者たちは悪業煩悩の者たちである。いまや仏教以外の九十五種の邪道を抜け出して、小乗、大乗、権教、実教の法門に入るようになったが、しかしほんとうに仏の教にはいった者は甚だ少なく、極めて稀である。また仏の教にはいったとしながらも偽なるものは甚だ多く、内実はからっぽというのが非常に多い。それで釈迦如来は『観経』にさまざまな福徳をもたらすという定善、散善の教を説いて群萠を誘引し、阿弥陀如来は大悲の誓願をおこして、あまねく衆生を教化したもうたのである。ここに「方便化身土巻」が説かれねばならない理由があるのである。

濁世の群萠に対してはたらかれた願は何であったか。

「既にして悲願有ます、修諸功徳之願と名づく、また臨終現前之願と名づく、また現前導生之願と名づく、また来迎引接之願と名づく、また至心発願之願と名づくべきなり。」(同上)

聖道門に入りながらその修行に耐ええない人たちのために修諸功徳之願とよばれる第十九願が説かれねばならなかったのである。それのみではない、すでに念仏の教に浴しながら、自力根性のぬけきれない者、また後生など問題にせず、現実に執着している人間たちも例外ではない。それらの人間にも死はおとずれるのである。後生は真暗である。いよいよ臨終に直面したときに、向こうから迎えに来て浄土へ導いてくれるという願ほどこれらの人たちにとって魅力的なものはないであろう。ここに第十九願がまず説かれねばならなかった必然性があるのである。この第十九願なくしてはこれらの群萠は救われないのである。「方便化身土巻」はそのために書かれたのである。真実の教・行・信が実践的にすべての人間を第十八願の真実信へ誘引するためにはこの願はなくてはならない願なのである。まさに「すでにして悲願います」といわれる所以である。

二　第十九願

では第十九願とはいかなる願であろうか。願にいわく

「設ひ我れ仏を得たらんに、十方の衆生、菩提心を発し、諸の功徳を修し、心を至し、発願して、我国に生ぜむと欲はむ。寿終の時に臨みて、たとひ大衆と囲遶して、その人の前に現ぜずば、正覚を取らじ。」

いかにしても避け得ない死に直面したわたくしにとって臨終来迎ほど心強いものはないであろう。阿弥陀如来を中心に観音・勢至ともども聖衆がとりまいて地獄に堕ちないように弥陀の浄土へつれ帰るという、感覚的な凡夫にとってこれほど確実な安穏はない。第十九願は愚劣な凡夫にとって最も魅力あるものであろう。そのために菩提心をおこして、諸の善根功徳を修して、浄土

へ生まれたいと願うことであるという。このことは善因善果、悪因悪果という普通の道徳的意識にとっては自然に肯かれるところである。しかも定善、散善という世間で一般に善といわれているものを行えばよいというのである。誰しも理解合点するところであろう。第十九願はこのように普通の人間が納得しうるものとして与えられているのである。

この第十九願を親鸞は至心発願之願とよんだ。人が死の不安におびやかされるとき、それをひたすら逃れようとするであろう。その時、前方に輝くものは浄土である。欲生心がおこるであろう。それは死に面した者の欲生心として懸命の至心の欲生心である。『観無量寿経』に説かれた韋提の物語はこの至心の欲生心である。至心の発願はこのようにして第十九願を貫くものといわねばならない。韋提の請に応じて十六の観想の方法を世尊は説かれたが、その説法が終ったとき、阿難がその経の名前とその要点を聞いたのに対して、かく答えられている。

「この経をば観極楽国土無量寿仏観世音菩薩大勢至菩薩と名づけ、また浄除業障生諸仏前と名づく、汝まさに受持し忘失せしむること無かるべし。此の三昧を行ずる者は現身に無量寿仏及び二大士を見ることを得。若し善男子、善女人ただ仏の名と二菩薩の名を聞くだに無量劫の生死の罪を除く、いかに況んや憶念せんをや、若し念仏する者はまさに知るべし、此の人はこれ人中の分陀利華なり、観世音菩薩、大勢至菩薩その勝友となりたもう、まさに道場に坐し、諸仏の家に生ずべし。」

と更に続けて

「汝好く是の語を持て、この語を持てといふは即ち無量寿仏の名を持てとなり。」(『真聖全』㈠・六六頁)

世尊は永い説法の後に、仏の名を聞くだけで生死の罪が除かれる。まして名号の義趣を聞いて念仏する者は極楽往生は間違いない。汝よく阿弥陀仏の名号を持てよと結んでいる。親鸞はここにいたってこの観経の表面に説かれたものとその裏面にかくされている深い意味を最後の短い句から読みとったのである。古来、「顕彰隠密」といわれているものである。

三　顕彰隠密

親鸞は顕彰隠密についてこういっている。

「『無量寿仏観経』を按ずれば顕彰隠密の義有り。顕と言ふは即ち定散諸善を顕はし、三輩・三心を開く。然るに二善・三福は報土の真因に非ず。諸機の三心は自利各別にして利他の一心に非ず。如来の異の方便、忻慕浄土の善根なり。是れは此の経の意なり、即ちこれ顕の義なり。彰と言ふは如来の弘願を彰し、利他通入の一心を演暢す。達多・闍世の悪逆によりて、釈迦微笑の素懐を彰す、韋提別選の正意に因りて弥陀大悲の本願を開闡す。斯れ乃ち此

の経の隠彰の義なり。」（『真蹟集成』㈢・四八七頁）
『観経』をみると顕彰隠密がある。顕とは文の表面にあらわれている意味であり、彰とは裏にかくれているものを明らかにすることで、『観経』には表面の意味とその裏にかくされている意味とがあるというのである。

顕では行について定善、散善が説かれている。そして機については上輩・中輩・下輩の三輩についてとかれ、それ等がおこす至誠心・深心・廻向発願心の三心があるが、いずれも自力の三心である。これらの定・散二善と世福（世間の善）と戒福（小乗の戒を守る善）、行福（大乗の教を行うこと）の三福は弥陀の真仏土に往生する真実の因ではない。それらは三輩各自が自力でおこす三心であるからである。他力廻向の利他の一心ではない。従って真仏土へ往生する因とはなりえないのである。これらの二善・三福は如来が特別に方便のためにしつらえられたもので、それらはすべて人々を誘引して真実の浄土を忻慕せしめるための善根となるものである。これが『観経』の表面にあらわされた意味である。彰というのは阿弥陀如来の弘願を彰わし、人々をして他力の信に入らしめ真実の浄土に生まれさすための一心を説きのべられている。王舎城の悲劇を介して韋提をして弥陀の浄土を選ばしめられたのであって、これが弥陀の正意である。ここに大悲の本願が説き明かされることになるのである。これがこの『観経』の隠彰の意味である。

そして親鸞は

「観経の定散諸機は極重悪人ただ弥陀を称せよと勧励したまえるなり。濁世の道俗善く自ら己れが能を思量せよとなり。まさに知るべし。」（『真蹟集成』㈠・四八六頁）

と結んでいる。これが親鸞の『観経』についての判定であった。凡夫をして定散二善の修し難いことを知らしめ、自己の無力を自覚せしめつつ念仏を称する段階へと導く構造が『観経』の顕彰隠密の構造である。親鸞はこれを経の文句を指摘しつつ立証している。

「是を以て経には「教我観於清浄業処」と言へり。「清浄業処」とは則ち是れ本願成就の報土なり。「教我思惟」と言ふは即ち方便なり。「教我正受」と言ふは即ち金剛の真心なり。「諦観彼国浄業成者」と言へり、本願成就の尽十方无㝵光如来を観知すべしとなり。「広説衆譬」と言へり、則ち十三観是なり。「汝是凡夫心想羸劣」と言へり、則ち是れ悪人往生の機たることを彰すなり。「諸仏如来有異方便」といへり、則ち是れ定散諸善方便之教たることを顕すなり。「以仏力故見彼国土」と言へり、斯れ乃ち他力の意を顕すなり。「若仏滅後諸衆生等」と言へり、即ちこれ未来の衆生往生の正機たることを顕すなり。「若有合者名為麁想」と言へり、是れ定観成じ難きことを顕すなり。「於現身中得念仏三昧」と言へり、即ちこれ定観成就之益は以て念仏三昧を獲るを観の益とすることを顕す、即ち観門をもつて方便の教となせるなり。「発三種心即便往生」と言へり。又「復有三種衆生当得往生」と言へり。此等の文に依るに三輩に三種の三心有り、復た二種の往生有り。良に知んぬ、これいまし此の経に

顕彰隠密之義有ることを。」（『真蹟集成』㈢・四八八頁）

韋提はこの世を厭い憂の無い国へ行きたいと願った。凡夫韋提の望みに応じて浄土と阿弥陀仏が彼女の眼前にあらわれたのである。彼女はどのように思惟したらあの極楽浄土へ往けるか、その思惟を教えてくれと願った。彼女は自分で思惟して浄土へ往こうと考えているのである。これは思い上った願いである。われわれはこの韋提の問の内に人間の傲慢とその浅はかさと自力根性をみることができる。このような思い上った問に応じたのが定善である。しかし定善の極めて困難であり、その結果は念仏三昧の益にしかないことをのべて念仏をすすめているのである。そして既に韋提が浄土をみるのは自分の力ではなくして仏力によることを教えて他力へおもむくべきことを示している。そして韋提をして私はいま仏力によって浄土を見させて頂きましたが、仏滅後の未来の衆生はいかにしたらよろしいかと問わしめ、凡夫衆生の浄土往生の道は念仏より外にないことを語って、仏の名号をたもてと教えているのである。このような隠顕の構造に対して人間の側はどうであろうか。

四　第十九願の機

第十九願の機は韋提によって代表される如く心想羸劣の凡夫である。その浄土を願う心は韋提の如く厭世観からでもあろう。あるいは死の恐怖からでもあろう。その他いろいろな機会に、いろいろな欲望から浄土を求める者もあろう。それらはかりそめの欲望から浄土を求めるのであるが、それは浄土という対象に面することによって正しい浄土願生へと転ぜしめられる。その転ぜしめられる過程が三願転入といわれているものである。かりそめの願生から浄土に面するとき、死後の浄土の彼岸性は人間をして脚下を向かしめる。彼の面するものは自己存在の脚下の矛盾である。そこに彼は自己の危機的実存をみるのである。自己の実存は絶対に確実なものではない、一瞬一瞬が死に面している危機的実存である。人間存在は生死的存在である。個としての私は一瞬一瞬死んでいるのである。私は常に一瞬に死んで一瞬に生きるのである。私の存在は一瞬前の私が死んで今の一瞬の私が生まれるところに在るのである。私は一瞬一瞬死んで生まれる存在である。正確には死ぬことと生まれることの即、死即生、生即死の存在である。この即のところに私の存在があるのである。かく私は絶対矛盾的存在である。私は常に絶対不安の存在であり、解決されなければならない存在である。そして浄土こそはその解決の場所として彼岸に輝いているのである。浄土願生の至心は絶対矛盾からの至心である。真剣にならざるを得ないであろう。しかし我々が脚下に目を向けるのはかりそめにもしろ浄土に面したからである。浄土を願生したからである。親鸞が浄土門においては忻求が主であって、厭離はそのうちに自然に含まれていることを洞察して、「忻求をもって本となす、何をもっての故に、願力によって生死を厭捨せしむるの故なり。」(『愚禿鈔』下。『全集』㊂・二五頁)といっている。脚下の矛盾に面することも浄土のはたらきである。「後生の一大事」に気づかされることも弥陀の願力のはたらきである。第十九願の機はかくして善といわれているものを行うことによって浄土往生を願じ、その実践にはげむのである。これが第十九願の機の本質である。自己の積んだ善根によって往生しようということはなお自己の力に頼ろうとしていることである。それは自己の無力であることに不徹底というほかはない。阿弥陀仏に帰命せよということに背いていることである。それは疑惑して信ぜず、罪福を信じて善根を修習して浄土に生まれんとしていることである。このような疑いの心を持って仏の智慧を信ぜず、往生を願う者はかの国に生まれても宮殿の中に閉じこめられて、五百年の間仏を拝むことができない、それでこれを胎内にいると同じであるから胎生とか疑城胎宮とかいい、極楽の辺地にとどまるから辺地懈慢界というのである。あるいは七宝の宮殿に金鎖もてつながれるともいうのである。この疑城胎宮こそは第十九願の自力根性の機が自ら報土の中に映し出した土にほかならない。これを化身土というのである。親鸞は和讃して

安楽浄土ヲネカヒツツ
他力ノ信ヲエヌヒトハ
仏智不思議ヲウタカヒテ

辺地懈慢ニトマルナリ（『真蹟集成』㈢・八七頁）

という。また

自力諸善ノヒトハミナ
仏智ノ不思議ヲウタカヘハ
自業自得ノ道理ニテ
七宝ノ獄ニソイリニケル（『全集』㈡・一九二頁）

と和讃されている。

七宝の獄も疑う者自らが作り出した疑城胎宮なのである。どれだけ善根をつもうとも、そこに報いられるものは化身土でしかないのである。要約して親鸞はこういっている。

「観経往生といふは、修諸功徳の願により、至心発願のちかひにいりて、万善諸行の自善を廻向して浄土を忻慕せしむ。また『無量寿仏観経』に、定善・散善を分別し、三福九品の諸善をときて、九品往生をすゝめしむ、これ他力の中の自力なり。これを『観経』の宗とす。このゆへに観経往生という。これみな方便化土の往生なり、これを双樹林下往生とまふすな

り。」（『浄土三経往生文類』、『全集』㈣・七頁）

聖道門の修行への無力を自覚しながら、なお自力にたよって善根をつもうとすることは矛盾であり、間違いである。それで第十九願の機は邪定聚といわれるのである。そこにはどこまでも自己肯定的人間中心主義的根性がある。それでこの往生を肉体をもてる釈迦の往生の相に比して双樹林下往生といわれるのであろう。この自力根性を否定することが大切であるのにそれができないのである。

このようにして第十九願につきあたった者に対して与えられたものが第二十願である。

五　第二十願の機

第二十願とは

「設ひ我れ仏を得たらんに、十方の衆生、我が名号を聞きて、念を我が国に係けて、諸の徳本を植ゑて、心を至し、廻向して我国に生まれむと欲はん、果遂せずば正覚を取らじ。」

という願である。ここでは名号を聞いて徳本を植えることによって往生するというのである。では徳本とはどのようなものであろうか。親鸞は

「徳本は如来の徳号なり。此の徳号は一声称念するに至徳成満し、衆禍皆転ず、十方三世の

徳号の本なり、故に徳本といふなり。」（『真蹟集成』㈡・五二二頁）
といっている。徳本とは名号にほかならない。

『阿弥陀経』には

「舎利弗、もし善男子、善女人ありて、阿弥陀仏を説くを聞きて、名号を執持すること若しくは一日、若しくは二日、若しくは三日、若しくは四日、若しくは五日、若しくは六日、若しくは七日、一心にして乱れざれば、その人命終る時に臨んで、阿弥陀仏、諸の聖衆とともにその前に現在したまふ。是の人終る時、心顚倒せず、即ち阿弥陀仏の極楽国土に往生することを得。舎利弗、我れこの利を見るが故にこの言を説く、若し衆生ありて、この語を聞かん者はまさに発願して彼の国土に生ずべし。」（『真聖全』㈠・六九頁）

とのべられている。諸の善根功徳をなすことに絶望した第十九願の行者に対して、ただ弥陀の名号を専念すればよいということは、残された一つの道であったにちがいない。これは可能なように思われよう。『観経』には下品下生の者は苦しみせまられて念仏することさえできない。しかし若し仏を念ずることができなかったならば、至心に無量寿仏を称えよと。そこで声をはげまして十声の念仏を称えて命終った。ところが仏名を称えた功徳によって念々のうちに八十億劫の迷の罪を亡ぼし往生すると説かれている。

だが弥陀の名号を称えるということはどんなことであろうか。称名に功徳があるとはどういうことであろうか。

善導は

「今この観経の中の十声称仏には即ち十願十行有りて具足す、いかんが具足するや」

と問うて次のようにいっている。

「南无と言うは、即ち是れ帰命なり。亦是れ発願回向の義なり。阿弥陀仏と言うは、即ち是れ其の行なり。斯の義を以つての故に必ず往生を得。」（同上）

南無阿弥陀仏の南無というのは帰命ということである。それには発願回向の意味が含まれている。そして阿弥陀仏というのはその行であるというのである。南無阿弥陀仏とは阿弥陀仏に帰命することである。阿弥陀仏は帰命の対象である。ところがその帰命には発願回向の意味が含まれているという。諸善万行に望みを失ったものにとって懸命の帰命であろう。この帰命を回向して浄土へ往生したいと願うであろう。帰命には発願回向の意味が含まれているということができる。このように理解するのが普通の理解のしかたであろう。しかしこれは善本徳本の尊号をおのれが善根としてみずから浄土に回向するということになろう。第二十願の機とは称名をもってこれを回向して浄土願生を願うものである。これを弥陀経往生とよんでいる。親鸞はこれを『浄土三経往生文類』（略本）には要約して次のようにのべている。

「弥陀経往生といふは、不果遂者の誓願によりて、植諸徳本の真門にいる。諸善万行を貶して少善根となづけたり。善本・徳本の名号をえらびて、多善根・多功徳とのたまへり。しかるに係念我国の人、不可思議の仏力を疑惑して信受せず、善本・徳本の尊号をおのれが善根とす。みづから浄土に廻向せしむ、これを『弥陀経』の宗とす。このゆへに弥陀経往生といふ、他力の中の自力なり。尊号を称するゆへに疑城胎宮にむまるといゑども、不可称、不可説、不可思議の他力をうたがふそのつみおもくして、牢獄にいましめられていのち五百歳なり。尊号の徳によるがゆへに、難思往生とまふすなり。」（『全集』㈣・十三頁）と。

第十九願の機が諸善万行を積んで、それを廻向して願生するのは自力である。そこには自己の力を頼ってこれを廻向しようとする自力の傲慢さがある。これは自己肯定的な願生ということができよう。それに対して第二十願の機は自己肯定的な働きに絶望して、ひたすら弥陀に頼ろうとする。そして弥陀に帰命するという行を回向して往生しようというのである。これは帰命という自己否定的な行を回向して願生するものである。そこにはなお自己否定的行を回向するというはたらきが残る。よく考えてみるとこのような働きの底にはなお自力的な心がはたらいている。自己否定するはたらきは自己の働きである。それは自己の全力をあげて自己否定しようとしているのである。しかもこれを回向して往生しようとしているのである。これを自力といわずしてなんといおう。親鸞が第二十願の往生を他力中の自力としたのはこれによるのである。ひたすら自己否定しようとしても、自己の力をふりしぼって自己否定しようとするのであるから真の自己否定が不可能である。自己否定することも自力であるとすればいかにしたらよいのであろうか。人は親鸞と共に「いずれの行もおよびがたき身なれば、とても地獄は一定すみかぞかし」(『歎異抄』)と嘆ぜざるを得ないであろう。このような第二十願に破れた者に対して与えられたのが第十八願である。

六　第十八願の機

第十八願とは

「設ひわれ仏を得たらむに、十方の衆生、心を至し信楽して我が国に生まれむと欲ふて乃至十念せむ、もし生まれざれば正覚を取らじと。ただ五逆と誹謗正法を除く」

というのである。この第十八願に着目したのは法然であった。法然は善導にならって、第十八願を念仏往生之願とよび、「四十八願の中、既に念仏往生の願をもって本願中の王となすなり」(『選択本願念仏集』『真聖全』㈠・九五三頁)といい、『和語灯録』にはやさしく次のようにのべている。

「およそ、その四十八願にあるいは無三悪趣ともたて、あるひは不更悪趣ともとき、あるひは悉皆金色ともいふは、みな第十八の願のためなり。「設我得仏、十方衆生、至心信楽、欲生我国、乃至十念、若不生者、不取正覚」といへるは、四十八願のなかに、この願ことにすぐれたりとす。そのゆゑは、かのくににもしむまるる衆生なくば、悉皆金色無有好醜等の願もなにによつてか成就せん。往生する衆生のあるにつきてこそ、身のいろも金色に好醜ある事もなく、五通をも具し、宿命をもさとるべけれ。これによりて善導釈しての給はく、『法蔵比丘四十八願をたて給ひて順々にみな若我得仏、十方衆生、称我名号、願生我国、下至十念、若不生者、不取正覚、云云。四十八願にみなこの心あり』と釈し給へり。」

しかしどうしてこの願を四十八願中の王本願とまでいわしめたのであろうか。それは第十九願につきあたり、第二十願に破れて、一切の希望を失ったものに、この第十八願がただ一つの救いの道として開けていたからにほかならない。第十八願文は、「若し私が仏となったとき、十方世界の衆生が心から信じて私の浄土へ生まれたいと思って、十辺念仏して、もし生まれない者があったら、私も仏とはならない。但し五逆罪を犯した者と正法を誘る者はこのかぎりではない」というのである。いまこの第十八願文をみるとその中心となるものは十念である。十念往生の願と名づけられたのはここに注目したのである。しかし善導はこの十念の数にとらわれなかった。このことはその成就文には「諸有衆生、聞其名号、信心歓喜、乃至一念、至心回向、願生彼国、即得往生、住不退転、唯除五逆、誹謗正法」とあり、十念といわず、一念といわれている。問題は十という数ではなくして、念仏するか否かにかかっているのである。そしてこの念仏が単に口さきだけの念仏でないことはいうまでもない。口さきだけの称名は念仏ではない。第十八願文をみると、「至心信楽、欲生我国、乃至十念」とある。また本願成就文では、「聞其名号、信心歓喜、乃至一念」とある。これらの文をみるとき、至心信楽が中心であること、聞其名号、信心歓喜が中心であることに気づくであろう。このことは『無量寿如来会』をみるとよりはっきりする。

「他方仏国《ノ》、所有《ノ》有情、聞《テ》二無量寿如来《ノ》名号《ヲ》一、能《ク》発《シテ》二一念浄信《ヲ》一、歓喜《セシメ》、愛二楽《シテ》所有《ノ》善根廻向《シタマヘルヲ》一願《ゼバ》レ生《ゼント》二無量寿国《ニ》一者、随《テ》レ願《ニ》皆生《レテ》得《ン》二不退転乃至無上正等菩提一。除《クト》下五無間誹二謗正法一及謗聖者《ヲ》上。」と。

ここでは「一念浄信」としてはっきりと示されている。このことを親鸞は善導、法然の真意として読みとったのである。それが第十八願を至心信楽之願と名づけた所以である。『浄土三経往生文類』には

「真実信心あり、すなわち念仏往生の悲願にあらわれたり。信楽の悲願は『大経』(上)にのたまわく『設我得仏、十方衆生、至心信楽、欲生我国、乃至十念、若不生者、不取正覚、唯除五逆、誹謗正法』」(『全集』㈢二二頁)

といっている。第十八願を特色づけるものは信心である。

いま第二十願に破れた心に第十八願はいかにひびくであろうか。弥陀に帰命するという自己否定のはたらきである第二十願の念仏に破れたものにとって、ただ信ずるだけでよいということはなしうることであるかもしれない。だが一体、信ずるとはどんなことであろうか。一般には不確

実なことに対して信ずるという。未知なるものに対して信ずるという。しかし、信ずることもまた私が私の心で信ずるという限り、それは自力といわねばならないであろう。いま第十八願は至心に信ぜよといわれるが、凡夫の心で至心に信ずるということは極めて困難である。それ故に親鸞は『浄土和讃』には

一代諸教ノ信ヨリモ
弘願ノ信楽ナヲカタシ
難中之難トトキタマヒ
無過此難トノベタマフ

とのべている。また「真実の浄信億劫にも獲がたし」(「総序」)といい、「真実の信楽実に獲ること難し」(『真蹟集成』㈠・一六一頁)ともいわれている。至心信楽は凡夫には不可能といわざるを得ない。親鸞は

「悲しき哉、愚禿鸞、愛欲の広海に沈没し、名利の太山に迷惑して、定聚之数に入ることを喜ばず、真証の証に近づくことを快しまず、恥ずべし傷むべし」(『真蹟集成』㈠・二五八頁)

となげいている。

しかしその親鸞が

「ここに愚禿釈の親鸞、諸仏如来の真説に信順して、論家釈家の宗義を披閲す、広く三経の光沢を蒙つて、特に一心の華文を開く、しばらく疑問を至して遂に明証を出す。誠に仏恩の深重なるを念じて、人倫の哢言を恥じず。」（「信巻別序」同上・一五七頁）

と告白している。親鸞は信を獲たのである。凡夫の彼がいかにして信を獲たのであろうか。親鸞を力づけたものは恩師の存在であった。現に信に生きている恩師が存在しているという事実である。彼は「信巻」信楽釈のもとで単に道ありと信ずるだけでなく、得道の人ありと信ずることを強調している。具体的な信仰は現に得道の人ありというところにおいて実践化するのである。

『歎異抄』は親鸞の辿ったこの状況を如実に伝えている。

「親鸞にをきては、ただ念仏して弥陀にたすけられまいらすべしと、よきひとのおほせをかふりて信ずるほかに、別の子細なきなり。念仏はまことに浄土にむまるるたねにてやはんべるらん。また地獄にをつべき業にてやはんべるらん。惣じてもて存知せざるなり。たとひ法然聖人にすかされまいらせて、念仏して地獄におちたりとも、さらに後悔すべからずさふらふ。そのゆへは、自余の行もはげみて仏になるべかりける身が、念仏をまふして地獄におちてさふらはばこそ、すかされたてまつりてといふ後悔もさふらはめ、いづれの行もおよびがたき身なれば、とても地獄は一定すみかぞかし。弥陀の本願まことにおわしまさば、釈尊の説教虚言なるべからず、仏説まことにおわしまさば、善導の御釈虚言したまふべからず、善導の御釈まことならば、法然のおほせそらごとならんや。法然のおほせまことならば、親鸞がまふすむね、またもてむなしかるべからずさふらふか。詮ずるところ、愚身の信心におきてはかくのごとし。」（『全集』㈣・五頁）

法然の存在こそが親鸞をして最後の決断に導いたのである。よき人とは法然にほかならない。私は第十八願の至心信楽ということに従って信じようとした。だが本来私は信ずることもできないような謗法の徒ではないか。自分から信じようと思ったことが間違いだったのである。私が信じようと自分で思うことは私の慢心ではないだろうか。

「真実の信楽実に獲ること難し。何を以つての故に。いまし如来の加威力に由るが故なり、博く大悲広慧の力に因るが故なり。」（『真蹟集成』㈠・一六二頁）

もともと真実の信楽は如来の願力によって獲られるのであって、これを自力で信じようとしたところに誤りがあったのである。ここで親鸞は真実信が獲難いのは真実の信楽が如来の加威力によるがゆえに、大悲広慧の力によるが故であると極めてユニークな表現をしている。同じことが『浄土文類聚鈔』では

「然るに薄地の凡夫、底下の群生、浄信獲がたく極果証しがたきなり。何をもつての故に。往相の廻向によらざるが故に。疑網に纏縛せらるるによるが故なり。いまし如来の加威力に

よるが故に、博く大悲広慧の力によるが故に、清浄真実の信心を獲しむ。この心顚倒せず、この心虚偽ならず、信に知りぬ。無上妙果の成じがたきにはあらず、真実の浄信実に得がたし。」（『全集』㈠・一三四頁）

と。同じ事態が全く逆の表現をもって示されている。

信ずることさえ出来ない謗法闡提の私である。如来の大悲はこのような私なればこそ、私に注がれているのではないか。とすれば、このまま私は如来に投げ出すよりほかはない。全心身を投げうって如来の前に投げ出したところに道は豁然として開けた。まさに「信楽開発の時剋の極促」の瞬間である。そこにはただ如来の加威力のみがはたらいていた、大悲広慧の力が一杯にひろがっていた。如来の往相廻向のはたらきのうちに私の全心身を投げ出す決断！　これをわたくしは「賭の信」とよんでいる。他力の信とは単に心で信ずるというようなことではなくして、如来の前に私を投げ出す実践なのである。如来の願力に賭ける実践が他力の真実信心なのである。「親鸞におきては、ただ念仏して弥陀にたすけられまいらすべしと、よきひとのおほせをかふりて信ずるほかに、別の子細なきなり。念仏はまことに浄土にむまるるたねにてやはんべるらん、また地獄におつべき業にてやはんべるらん。惣じてもて存知せざるなり。」という句をもう一度しっかりと味わってみよう。「惣じてもて存知せざるなり」と如来の願力に投げ出したのである。

カール・バルトは

「信仰とは暗黒へ飛躍することである。」（K. Barth; *Der Römerbrief*, S. 75）

といった。それは禅的表現をとれば「万仭崖頭撤手時」といえよう。この全体投棄が信心である。善導も

「弥陀の摂と不摂とを論ずることなかれ、意専心にして廻すると廻せざるとに在り」（『真聖全』㈠・六九五頁）

といったが、弥陀の摂、不摂を論ずることはいらざるはからいである。私の一切を賭けるかどうかが問題なのである。

「往生は何事も凡夫のはからひならず、如来の御ちかひにまかせまいらせたればこそ、他力にてはさふらへ。様々にはからひあふてさふらふらん、おかしく候。」（『末灯鈔』七、『全集』㈢・七七頁）

投げ出してしまえば、はからうことはおかしいことであろう。賭の信は冒険である。それは疑うも疑わないもない、信・不信ともに賭けた信である。アルトハウスが

「私は私が信ずるかどうか知らない。しかし私は誰を私が信ずるかを知っている。」（Karl Barth; *Kirchliche Dogmatik*, I. S. 249）

といった。信ずるか信じないか自分ではからう必要はない、自己の全体を弥陀にまかせばそれでよいのである。だが思ってみれば賭けるということの何と恥知らずであることか。しかし

無慚無愧ノコノ身ニテ
マコトノココロハナケレドモ
弥陀ノ廻向ノ御名ナレバ
功徳ハ十方ニミチタマフ（「悲嘆述懐和讃」）

この愧じ知らずの逆謗の私がそのまま弥陀の名号に生かされて、名号のうちに生きているのである。これが第十八願の信だったのである。

名号不思議ノ海水ハ
逆謗ノ死骸モトドマラズ
衆悪ノ万川帰シヌレバ
功徳ノウシホニ一味ナリ（「高僧和讃」）

私はもう南無阿弥陀仏になりきっているのである。親鸞の慶喜は大きかったに違いない。過ごしかたをふりかえってみれば、随分とまわり道をしたようであるが、しかしここへ辿りついたのは私の力ではなかった。まさしく往相の廻向による如来の願力の御はたらきがあったからである。

七　三願転入

親鸞は念仏門に帰依してからの道をかえりみて次のように述懐している。

「悲しき哉、垢鄣の凡愚、无際よりこのかた助正間雑し、定散心雑するが故に出離其の期無し、みずから流転輪廻をはかるに微塵劫を超過すれども仏願力に帰しがたく、大信海に入りがたし、まことに傷嗟すべし、深く悲歎すべし。凡そ大小聖人一切善人、本願の嘉号をもって己れが善根とするが故に、信を生ずることあたはず、仏智をさとらず、彼の因を建立することを了知すること能はざるが故に、報土に入ること無きなり。」（『真蹟集成』㈡・五四九頁）

第十九願に破れ、第二十願につきあたった自己の体験の生々しい反省である。述懐は更に続く、

「ここをもつて愚禿釈の鸞、論主の解義を仰ぎ、宗師の勧化によつて、久しく万行諸善之仮門を出でて、永く双樹林下の往生を離る。善本徳本の真門に回入して偏へに難思往生之心を発しき。然るに今まことに方便の真門を出でて、選択の願海に転入せり、速かに難思往生の心を離れて難思議往生を遂げんと欲《おも》う。果遂之誓まことに由あるかな。ここに久しく願海に入りて深く仏恩を知れり、至徳を報謝の為に、真宗の簡要を摭《ひろ》ふて、恒常に不可思議の徳海を称念す。いよいよこれを喜愛しことにこれを頂戴するなり。」（同上）

この文は古来「三願転入」の文として有名なものである。

思ってみれば永い道程であった。聖道門をすてて、法然上人の浄土門に帰した。そこで第十九願によって往生しようとした。しかし天親菩薩の『浄土論』の御解釈、また善導大師の御教化によって、定善・散善の行、いろいろな善を修することによって往生するという第十九願の要門を抜け出ることができた。このようにして自力の行をすてて、あらゆる善根の本であり功徳の本である名号によって往生しようという第二十願の真門にはいって、念仏によって往生しようという心をおこした。ところがこれも凡夫では不可能であることを知らしめられた。思ってみれば第十九願、第二十願は私の自力根性を捨てしめるための弥陀大悲の方便であったのである。私はここに方便の真門を出て、弥陀の選んで下された本願の広大な第十八願の念仏の大海に転入することができたのである。

今こそ第二十願の主我的根性を離れて、念仏そのものに自己をまかしきる第十八願の念仏の世界に生きようと決断したのである。自力根性の私を第十八願の絶対他力の念仏へと導いて下された如来の大悲心を思わずにはおれない。第二十願へ入るならば必ず第十八願へと導かずにはおかないという果遂の誓もここにいたってなるほどと合点せしめられるのである。今、私は広大無辺な弥陀の本願海に生かされて、しみじみと弥陀の御恩の深さを思わしめられるのである。私は命の限り名号の大海を讃えたいと思う。親鸞はかく告白しているのである。

三願転入はひとり親鸞の辿った入信の過程ではなくして、誰れしもが経なければならない必然的過程なのである。外見的には入信の過程は人それぞれいろいろ異なっているであろう。熊谷蓮生坊のごとく、世俗より直接、浄土門に帰した者もあろう。しかし第十八願の信へ達するためには三願転入の過程は必然的なのである。人はそこに長短の差こそあれ、三願転入を経過しているのである。何故なら、それは主我的人間が絶対他力の信へ到達するためには辿らねばならない論理的必然の過程だからである。

「念仏三昧の領解ひらけなば、身もこころも南無阿弥陀仏になりかへる。」（『安心決定鈔』）

という機法一体の南無阿弥陀仏には、帰命という主我的人間の絶対否定がなければならない。自己の絶対否定がなければならない。しかし主我的人間にとって、自己の絶対否定は不可能である。いかに自己否定しても、自己否定する自己は依然として残るのである。自己否定なし得ないものに対して与えられたのが第十八願である。それは煩悩具足の主我的人間、自己否定してもしきれない自己をそのまま弥陀に投げ出すということである。この投棄は単なる自力的な自己否定ではなくして自力的な自己を本願に投げ入れることである。まさしく「賭」の投棄である。この放棄の瞬間、私は弥陀の本願海に一味である。いまここでふりかえってみれば、この賭も私の賭ではなかった、賭そのものが大悲のはたらきであったのである。賭けるも賭けないもない、私はすでに弥陀の本願海のうちにあるのである。それを知らないから賭けるという決断もなしたのであるが、それは弥陀の摂取のはたらきの私への絶対否定のはたらきであったのである。この絶対否定のはたらきは弥陀の光明のはたらきの無作の作である。

第十九願と第二十願とに破れ、第十八願にいたって自己投棄を必然ならしめて、信・不信の自己を弥陀に投げ出したとき、そこにはそのまま絶対信が成立する。煩悩の自己を投げ出したのである、だから煩悩のままそこには絶対信が成りたっているのである。これが第十八願の信といわれているものである。絶対的に信ずるとは、このような自己投棄の実践なのである。

八　末　法

親鸞は第十八願をすすめるにあたって、時代というものに目を注いだ。聖道門の教はたとえ仏説ではあっても、それは在世正法の時代のものであって、末法の時代には適さない、時を失し、機に乖いたものであることを痛感した。そこから浄土真宗のみが時と機に適応した教であることを主張したのである。

正法・像法・末法の時代区分については、諸説があるが、親鸞は『末法灯明記』を略抄しつつ殆んどその全文を「化身土巻」に引いて、末法においては無戒で名ばかりの僧でしかないが、それでも尊重すべきことを論じている。『教行信証』では正法五百年、像法一千年説をとり、元仁元年（一二二四）甲申が仏滅後二千一百八十年であり、すでに末法に入って六百八十三年であると算定している。ところが「正像末和讃」では、「釈迦如来カクレマシマシテ　二千余年ニナリタマフ　正像ノ二時ハオワリニキ　如来ノ遺弟悲泣セヨ」とあって二千年説をとっているが、このことは当時広く流布していたのは正像二千年説であるので、これによったものと思われる。このことはいずれにしても、すでに末法であることを知らしめたかったのであろう。時代はすでに末法である。にも拘らず、南都北嶺の念仏禁制の弾圧は時代を知らざるものであり、これに荷担した朝廷もまた誤りを犯していることを示したかったのであろう。

「しかれば、穢悪濁世の群生時代の旨際を知らず、僧尼の威儀を毀る。今の時の道俗己れが分を思量せよ。」

と、親鸞はその燃えたぎる胸のうちをぶちまけている。

しかし親鸞にとって重要なことは単に時代区分の判定にあるのではなくして、むしろ末法の意味を受けとめるということであったのである。ともかくも当時の社会的状況は末法の様相を呈しており、主体的にも痛く末法の真只中にいることを感じたにちがいない。親鸞は単に歴史的判定から末法を強調したのではなくして、末法を主体的にうけとめ、これを普遍化して、これこそが人間のありのままのすがたであることを示そうとしたのである。親鸞は人間存在それ自身が末法的であるという主体的立場に立って、罪悪深重という機の真実を説いているのである。そしてこの末法的機の救済の道は念仏以外にないことを主張することによって、浄土真宗の必然性を強調したのである。

末法五濁ノヨトナリテ
釈迦ノ遺教カクレシム
弥陀ノ悲願ハヒロマリテ
念仏往生トゲヤスシ（『真蹟集成』㈢・二八一頁）

そしてこの念仏の道こそは時代の如何を問わず、一切の人間が救われる道であるという確信へとたかめられている。

像法ノトキノ智人モ（註、龍樹・天親を指す）
自力ノ諸教ヲサシオキテ
時機相応ノ法ナレバ
念仏門ニゾイタリタマフ（『全集』㈡・一七二頁）

『教行信証』では

「まことに知んぬ。聖道の諸教は在世正法の為にして、またく像末法滅の時機に非ず。已に時を失し、機にもそむけるなり。浄土真宗は在世、正法、像末法滅、濁悪の群萠ひとしく悲引したもうをや。」（『真蹟集成』㈡・五五〇頁）

といっている。浄土真宗は時代を超え、世界を超え、善悪を超えて、一切の凡夫のひとしく救われる道なのである。

これで「方便化身土巻」は結ばれている。次は一般に「化身土巻末」とよばれているもので、仏教以外の外教の批判がなされている付録的なものである。

それで『教行信証』は、はじめの教・行・信・証・真仏土の五巻で真実の教を説き「化身土巻」では聖道門を批判し、第十九願要門と第二十願真門の教を説き、聖道門も浄土門の第十九願、第二十願も第十八願の真実にみちびくために説かれた仮の方便の教であるとして、第十九願、第二十願を経て第十八願の真実の教に至る過程を三願転入として示しているのである。三願転入は真実に至るための実践論である。教・行・信・証・真仏土の五巻は真実の教の理論を説いたものであり、「方便化身土巻」は権仮方便の教を説いたものであるが、しかし単に理論的に権仮方便の教を説いたというよりも、末法における実践にあたっては絶対に必要な必然的な実践を説いたものとみるとき、「化身土巻」は真に生きたものとなるのではないであろうか。

それに対して「化身土巻末」はがらりとその説き方が変っている。それは「真偽を勘決して、外教邪偽の異執を教誡する」ために書かれたものである。次にそれをみてみよう。

第十一章　化身土巻末について

一　邪教批判

巻頭に

「涅槃経にのたまはく。仏に帰依せば、終にまた、その余の諸天神に帰依せざれと。」（『真蹟集成』㈡・五八二頁）

また続いて

「般舟三昧経にのたまはく。優婆夷この三昧を聞いて、学ばんと欲はば、乃至 自ら仏に帰命し、法に帰命し、比丘僧に帰命せよ。余道につかふることを得ざれ、天を拝することを得ざれ、鬼神を祠ることを得ざれ、吉良日を視ることを得ざれと。已上

　またのたまわく。

優婆夷、三昧を学ばんと欲はば乃至 天を拝し、神を祠祀することを得ざれと。略出」

親鸞が劈頭に経をあげてかく断定的にいいきったのは、当時の仏教界の状況が全くこれに反し

て、外教邪偽にとらわれていたからである。

五濁増ノシルシニハ
コノヨノ道俗コトゴトク
外儀ハ仏教ノスガタニテ
内心外道ニ帰敬セリ（『全集』㈡・二一一頁）

また

カナシキカナヤ道俗ノ
良時吉日エラバシメ
天神地祇ヲアガメツツ
卜占祭祀ツトメトス（同上）

と和讃しているごとき状況が日本仏教のかなしい現実であったからである。
次に『日蔵経』、『月蔵経』の引文が永々とひかれている。「行巻」や「信巻」等では短い句でも不用とあれば乃至として引かれているのに比べるとその趣きは全く異なっている。これはどうしたことであろうか。

行・信・証・真仏土の諸巻は真実を正面から顕わす巻であるのに対して、「化身土巻」は実践的な方便の巻である。ここでは親鸞当時の俗的現実に身をおいて考えてみる必要がある。現実は上掲の和讃の語るごとく、八百万の神々、天神地祇崇拝の宗教に満ちみちている。アニミズム、シャーマニズムの花盛りである。表面仏教といわれていても、その内実は呪術・宗教的（magico-religious）な信仰にほかならない。

外道・梵士・尼乾子ニ
ココロハカワラヌモノトシテ
如来ノ法衣ヲツネニキテ
一切鬼神ヲアガムメリ

カナシキカナヤコノゴロノ
和国ノ道俗ミナトモニ
仏教ノ威儀ヲコトトシテ

天地ノ鬼神ヲ尊敬ス（『全集』㈡・二一二頁）

繰返し説かれたこれらの和讃をみるとき、当時の一般民衆はもとより、仏教界にまで、いかに呪術・宗教的観念が根深く滲透していたかを知ることができよう。このような人たちに対しては「天を拝するなかれ、神を祠祀することなかれ」といくら説いても、到底素直に聴き容れられるものではない。それ等の者に対しては宇宙観を説き、日月星宿、四時の運行などそれ等すべては仏意によって衆生を守護するものであるから、仏に帰依するものはそれ等を祀る必要のないことを示すのが何よりも適切な方法ではなかろうか。

阿弥陀如来来化シテ

息災延命ノタメニトテ

金光明ノ寿量品
四クワンノキヤウナリ、コレヲサイ
シヤウキヤウトイフナリ、シフクワンナリ

トキオキタマヘルミノリナリ（『真蹟集成』㈢・一二一頁）

頭註に
東方ヤクシ
南方クヱカイ
西方ニムリヨウジユブチ
北方ニシヤカノトキタマフ

山家ノ伝教大師ハ
国土人民ヲアワレミテ
七難消滅《キエホロブ》ノ誦文《ソラニウカベヨムヲシユトイフ》ニハ
南无阿弥陀トトナエシム（同上）

一切ノ功徳ニスグレタル
南无阿弥陀仏ヲトナフレバ
三世ノ重障ミナナガラ
カナラズ転ジテ軽微《スクナクナス反ヨクナス反》ナリ（同上・一二二頁）

南无阿弥陀仏ヲトナフレバ
コノヨノ利益《リヤク》キワモナシ
流転輪回《ルテンリンヱ》ノツミキエテ
定業中夭《ヂヤウゴウチウエウ》ノソコリヌ（同上・一二三頁）

南无阿弥陀仏ヲトナフレバ
梵王帝釈《ボムワウタイシヤク》帰敬《キキヤウ》ス
諸天善神《ゼンシン》コトゴトク
ヨルヒルツネニマモルナリ（同上・一二四頁）

南无阿弥陀仏ヲトナフレバ
四天大王《シテンダイワウ》モロトモニ
ヨルヒルツネニマモリツツ
ヨロヅノ悪鬼ヲチカズケズ（同上・一二五頁）

南无阿弥陀仏ヲトナフレバ
堅牢《ケンラウ》《コノチニアルカミ》　地祇《チギ》《チヨリシタナルカミヲチキトイフ》ハ　尊敬《ソンキヤウ》《タウトシウヤマフ》ス
カゲトカタチノゴトクニテ
ヨルヒルツ子ニマモルナリ（同上）

その他「南无阿弥陀仏ヲトナフレバ」と延々と続く「現世利益和讃」といわれているものはこの立場から説かれているとみなければならない。

人間が煩悩の人間であるかぎり、現実の吉凶禍福への関心は除くことはでき難い。これを真に克服する道は真に念仏に生きることよりほかない。そこで一応アニミズム的、マナ的観念の天神地祇を包容して、やがてそれを念仏に生きることによって克服する道をえらんだのであろう。

天神地祇ハコトゴトク
善鬼神トナツケタリ
コレラノ善神ミナトモニ
念仏ノヒトヲマモルナリ（同上・一三一頁）

これが実践的に真に呪術・宗教的観念を克服する道なのである。『月蔵経』に続いて『首楞厳経』、『灌頂経』、『地蔵十輪経』、『集一切福徳三昧経』、『本願薬師経』、『菩薩戒経』、『仏本行集経』等々の文が続いているが、いずれも仏典にその根拠をもとめつつ、呪術・宗教的観念を克服する立場から書かれたものと理解すべきであろう。

このうち『菩薩戒経』の「出家の人の法は国王に向つて礼拝せず、六親に務《つかへ》ず、鬼神を礼せず」の文がかつて反国家的であり、非道徳的であると問題になったことがある。ここで注意すべきことは「出家の人の法」とあることである。それは「宗教の世界」ではということである。「宗教の世界」は「世俗の世界」とははっきりと区別しなければならない。従ってここでは「宗教的世界の法則」についていっているのであって、「世俗的世界の法則」である倫理・道徳のことをいっているのではない。宗教の世界と俗の世界とははっきりと区別しなければならない。宗教の世界は俗の世界を超えた世界である。そこでは「善悪のふたつ、総じてもて存知せざるなり」(『歎異抄』後序)といいきる世界である。それでまた親鸞ははっきりと「親鸞は父母の孝養のためとて、一返にても念仏まうしたること、いまださふらわず」(『歎異抄』五章)というのである。念仏は宗教的世界のことである。父母孝養は俗的世界の道徳である。両者ははっきりと区別されなければならない。「出家の人の法」という大前提があることを無視して、俗的世界の法と混同するところに誤解が生ずるのである。ここでは宗教的法則がのべられているのである。宗教の世界では弥陀一仏以外に礼拝すべき何ものもないことをいっているのであって、世俗の倫理・道徳を否定しているのではない。

二　『弁正論』について

次に当時日本の宗教界、思想界に影響を与えていた道教を批判するために『弁正論』を引いている。『弁証論』は唐の法琳が当時道教が盛んで、しきりに仏教を破斥攻撃していたので、それを反論したものである。ところがこの『弁証論』の引用は写誤、脱字、本文と註の混淆、前後の錯乱、衍文等枚挙にいとまないほどである。これを教・行・信・証・真仏土・化身土本の諸巻と比較するとき、これが同一人の筆になるものであるかどうかという疑いさえもたれるのである。武内義雄博士は「かくのごとき誤謬はそもそも何によって起れるか、これ最も理解に苦しむところなり。ひそかに阪東本影印の全貌を拝し奉るに、ところによって筆跡の代れるやに疑はるるふしもあれば、これあるいは宗祖の直弟子等が宗祖の稿本を分担定写せるものなきを保せず。これもとより予の疑つて未だ決せざるところ、かりにこの疑いのごとくなりと仮定すれば、これら形誤の大部分は転写の誤りに帰せらるべし。」（「教行信証所引弁正論に就いて」『武内義雄全集』九巻四二一頁）といっている。

ところでたとい弟子達の転写の時の誤りとしても、親鸞がこれを読み返さなかったとは考えられない。尊蓮が『教行信証』を書写したのが親鸞の七十五歳の時であり、専信が書写したのが親鸞八十三歳、同年、真仏、顕智が相伝している（本願寺史料研究所『本願寺年表』）。とすれば、この時には一応の完成をみていたとみなければならない。その間これを読み返さなかった筈はない。どうしてこのような誤りを放置したのであろうか。わたくしはこれらは門弟が後から付加したものではないかと疑っている。たとえば「十異九迷」を「九述」と書き誤り、「シュツ」と仮名したり「老子」を「孝子」と書き誤って「カウ」と仮名するがごとき、その無学さは理解のしようがない。それ等は門弟が書写して、あとから勝手に仮名を付したのかもしれない。赤松俊秀博士は「化身土巻の後半、『袋綴』八行書きの部分で異例なのは、まず第四三枚85・86であって、片面五行書きである。全部で百字近く削除されているが、その部分にいまも引用されている『弁正論』や善導の『法事讃』からの引用文が削除されたのかも知れない。」（「親鸞聖人真蹟国宝顕浄土真実教行証文類影印本解説」二二頁）といっている。ただ後に続く「後序」といわれている黒谷教団に対する述懐の部分は、その気迫からいっても親鸞自身でなければ書けない文章である。従ってわたくしは『弁正論』や善導の『法事讃』からの引用はやはりあとから門弟たちの手によって付加されたものではなかろうかと疑っている。その他『論語』の引用にいたるまで、わたくしはこれが親鸞自身のものかどうかの疑いさえもっている。

赤松俊秀博士は「教行信証の成立と改訂」（「親鸞聖人真蹟国宝顕浄土真実教行証文類影印本解説」所収）なる論文において、「化身土巻末」にふれて「筆致も一様ではなく、もっとも多い筆致は「真蹟本」の他の諸巻や外の真蹟に見られないものである。果して聖人の真蹟であるかの疑いも起るが、仔細に筆致を比較研究した結果、聖人の真蹟であることは疑いなくなった。決定が困難なのは聖人の何歳頃の筆蹟かということである。故藤田海龍氏は早く「化身土」末巻前半の特殊な状態に注意して、この部分は聖人が「真蹟本」を著わされる以前に作られた抜書を書き改めないで、そのまま利用されたのかも知れないとの意見を公けにした。「真蹟本」以前の筆致と考えたわけである。抜書の利用という藤田氏の推定が一部事実に合っていたことは今度の解装によって確められた。第三枚5・6（『真蹟集成』㈢・五八五・五八六頁―筆者註）以後、第二五枚49・50までは、現在「袋綴」に仕上げられているが、その本文が書写された当時は、巻子本に仕立てられていたこと、「袋綴」に綴込んだ時、巻子本を適当の長さに切り、綴込みに必要な端書をつけたことなどが判明し、この部分は書写当初の「真蹟本」とは別なものであることが明らかになったのである。ことに第八・九枚15・16・17・18と第一一・一二枚21・22・23・24とはおのおの長さ二尺九寸一分五厘、二尺九寸三分五厘の長い綴張であって、この部分がもと巻子本であったことを明確に示している。藤田氏の鋭い観察は賞讃に価する。」（同上・二二頁）といっている。さらに赤松氏は『大集経』の書き抜きが二種類あった事を推定している（同上・二五頁）。このように「化身土巻末」が巻子本を切って袋綴として綴直し、装丁したものであり、書込みや加筆があり、更に袋綴を切開いて紙背に書き入れたり、用紙を改めて書き直したりしたあとがみられるという。

（同上・二八頁）赤松論文は主として「化身土巻末」の前半についてであるが、後半においても同じことがいえるのではなかろうか。特に後半『弁証論』以下『論語』の引用にいたるまでは前後の文章の続かないものが多いところからみても、ただメモしたものを寄せ集めて継ぎ合わせたものとみることができないであろうか。存覚は「この書大概類聚の後、上人幾ばくもならずして帰寂の間、再治に及ばず」といっているが、これらの寄せ集めはあるいはあとから弟子の手によってなされたのかもしれないとわたくしは推定している。

三 「後序」について

次に後序が続いているが、黒谷教団弾圧をいきどおり、これを述懐して

「慶ばしかな、心を弘誓の仏地に樹て、念いを難思の法界に流す。深く如来の矜哀を知りて、良とに師教の恩厚を仰ぐ、慶喜いよいよ至り、至孝いよいよ重し、これによって真宗の詮を鈔し、浄土の要を摭ふ。唯仏恩の深きことを念て人倫の嘲を恥ぢず。若しこの書を見聞せん者、信順を因と為し、疑謗を縁として、信楽を願力にあらわし、妙果を安養に顕はさむ。」

（『真蹟集成』㈠・六七七頁）

とのべ、次に『安楽集』の文を引き

「真言を採り集めて、往益を助修せしむ。いかんとなれば、前に生れん者は後を導き、後に生れん者《ひと》は前を訪《とぶら》へ、連続無窮にして、願わくは休止せざらしめんと欲す。無辺の生死海を尽さんがための故なり。」

といい、更に『華厳経』の偈を引いて

「もし菩薩、種種の行を修行するを見て、善・不善の心を起こすことありとも、菩薩みな摂取せんと。」

といい、最後に

「浄土真実教行証文類　六」

としるされている。西本願寺本は「顕浄土方便化身土文類　六」となっている。しかしこれは後序や『安楽集』等の文からみても、坂東本の「顕浄土真実教行証文類　六」の方がよいのではなかろうか。ここは全巻の結びであろう。親鸞はこの結びをいかなる感慨をもって書いたであろうか。

本書は、昭和六一（一九八六）年刊行の『法蔵選書　教行信証』第1刷をオンデマンド印刷で再刊したものである。

著者略歴

星野元豊（ほしの　げんぽう）

明治42年鹿児島県に生まれる。龍谷大学文学部宗教学科卒業。昭和24年文学部教授。昭和39～44年龍谷大学学長。昭和56年勲三等瑞宝章を受ける。龍谷大学名誉教授。文学博士。平成13年５月逝去。

著書

『講解教行信証』（全４巻・補遺篇）、『浄土』、『浄土の哲学』、『宗教の本質』等。

新装版　教行信証

一九八六年一一月三〇日　初　版第一刷発行

二〇一九年一二月二五日　新装版第一刷発行

著　者　星野元豊

発行者　西村明高

発行所　株式会社　法藏館

京都市下京区正面通烏丸東入

郵便番号　六〇〇－八一五三

電話　〇七五－三四三－〇〇三〇（編集）

〇七五－三四三－五六五六（営業）

装幀　山崎　登

印刷・製本　亜細亜印刷株式会社

ISBN 978-4-8318-6570-0 C0015